MOVEMENT THROUGH THE END
A Portrait of Pain

MOUVEMENT PAR LA FIN
un portrait de la douleur

including

THE BODY REMAINS
SONG OF EXECRATION

Demeure le corps
Chant d'exécration

by

Philippe Rahmy

Translated from the French by Rosemary Lloyd

BITTER OLEANDER
P R E S S

The Bitter Oleander Press
4983 Tall Oaks Drive
Fayetteville, New York 13066-9776
USA

www.bitteroleander.com
info@bitteroleander.com

ISBN 10: 0-9883525-5-9
ISBN 13: 978-0-9883525-5-1

Library of Congress Control Number: 2014949113

Grateful acknowledgment must be paid *Black Herald* (Paris) for publishing excerpts from these translations in their inaugural 2011 issue.

Backcover Photograph of Philippe Rahmy by Yvonne Böhler

Layout & Design: Roderick Martinez

Distributed in the United States by Small Press Distribution, Inc.
Berkeley, CA 94710-1409
www.spdbooks.org

Manufactured in the United States of America

for André Wyss

à André Wyss

CONTENTS

L'ÉPURE

« *Mouvement par la fin* », titre du livre, mouvement à rebours de l'écriture qui commence avec l'instant de la mort pour remonter le cours de l'éclat et de l'éclatement d'un corps harcelé par les attaques d'un mal inflexible. Mouvement par la fin, une fin de non-recevoir qui, s'écrivant, se donne et se projette, appréhendant l'issue que le mouvement appelle en la révoquant – et dont il procède par le « *par* » qui l'enjambe et qui la dénie.

Comment aborder ce livre bref, brûlant et glacé, dont le titre est complété abruptement, et comme écartelé, roué vif, par les mots : « **un portrait de la douleur** » ? De là, en deçà, ici, la douleur est un regard. Un regard qui se reconnaît, qui s'approfondit et s'allège quand les mots qui le traversent crissent sur le papier. Le point d'origine, le premier mot jaillit de l'instant de la mort et s'efface dans la torpeur.

Notes d'un journal anachronique, échardes arrachées au corps souffrant, étincelles dispersées dans l'air. Très loin de toute complaisance narcissique, ce portrait de la douleur est un constat transcrit jour après jour de ce que le corps et l'esprit endurent dans l'épreuve. La notation réaliste au plus près, au plus précis, s'ouvre sur le dehors, s'exalte de la contemplation de la mer ou de la nuit, d'un arbre, d'un nuage, de l'envol d'un épervier au-dessus des murs. L'enchaînement des crises, des soins éprouvants, des injections n'en finit pas de renaître en jetant de sourdes lueurs, en provoquant l'exorable montée de la lumière. Décantation qui soudain cristallise et desserre l'oppression. Le corps supplicié réinvente pour se maintenir éveillé l'échappée de la fenêtre ouverte et l'espace réconcilié.

Les crises se succèdent, se répondent, alternent avec les temps brefs de rémission qui diluent leurs traces. La douleur est inséparable de la lumière, l'une et l'autre s'épaulant, s'étreignant, fusionnant l'amour et la mort. De son immobilité, de l'immobilité que l'instrumentation thérapeutique assigne, le corps parvient à s'incliner vers les autres qui se confient, ou vers la musique, ou vers quelque vision de la terre, de l'espace, où son tourment le projette. La mer déferle dans la chambre, le vent secoue le drap, la clarté de l'aube ou du soir touche la feuille qui recueille le récit.

J'ajoute un nœud fragile à la corde qui le garrotte, une lanière de toile aux bandelettes qui l'immobilisent. Mais je ne peux que tenter, de très loin, de rejoindre la séparation, la solitude, le creusement de son mal. Un mal qu'il tient à distance et dans la lumière avec une si légère et poignante simplicité. Du moins aurais-je esquissé le tracé d'un signe dans l'air, le huit couché de l'infini, couché pour qu'il se redresse.

THE DIAGRAM

« *Mouvement through the End* », the book's title, a movement against the current that begins with the instant of death to work its way back up the flow of the splintering and rupturing of a body plagued by the attacks of an inflexible malady. Movement through the end, ending in a flat refusal which, as it writes itself, gives and projects itself, seizing the exit that the movement summons in revoking that end—and through which it proceeds by means of the *through* that both spans and derides that end.

How best to approach this short book, a book that burns and freezes, and whose title is abruptly completed, as if torn apart, beaten to a pulp, by the words: "a portrait of pain"? From that point, beyond that point, here, pain is a gaze. A gaze that recognizes itself, growing deeper and lighter when the words that traverse it scrape on the paper. The first word, the point of origin, leaps up from the instant of death and fades away in torpor.

Notes from an anachronistic diary, splinters torn from the suffering body, sparks scattered in the air. Far removed from any narcissistic complaisance, this portrait of pain is a constant transcribed day after day from what the body and the mind endure in the ordeal. The realistic notation, impeccably close and precise, opens to the outer world, exalts in the contemplation of the sea or the night, a tree, a cloud, the flight of a sparrow hawk above the walls. The linked chain of crises, of testing treatment, of injections constantly renewed as they project a dim light, provoking the exorable climb toward the light. A decantation that suddenly crystalizes and loosens the oppression. The tortured body reinvents, in order to stay alert, the escape route through an open window and the reconciliation with space.

The crises follow one upon the other, alternating with brief periods of remission that dilute their traces. Pain is inseparable from light, the two helping each other out, embracing each other, creating a fusion of love and death. Through its immobility, the immobility that the therapeutic instruments impose, the body manages to lean toward others as they confide in each other, or toward music or some vision of the earth, of space, projected by its torment. The sea unfolds in the bedroom, the wind shakes the material, the light of dawn or evening touches the leaf that gathers the tale.

I add a fragile knot to the rope that garrotes, a strip of linen to the bandages that immobilize. But I can merely try, from far off, to rejoin the separation, the solitude, the hollowing out of his malady. A malady that he keeps at a distance and under the light with such graceful and touching simplicity. At least I will have sketched its outline through a sign in the air, the eight lying down to represent infinity, lying down in order to rise again.

« La douleur est un morceau de soleil. » La douleur est un levier, un levain. Elle ne le quitte pas. Elle ne le quitte que pour un répit de courte durée, dans l'attente de son retour, d'un regain qu'il accueille, écrit-il, comme une « grâce », « le désir du mal », son « parfait plaisir ». Car il est allé si loin, elle a creusé si profond, a exploré son corps si intensément qu'entre elle et lui l'attache indestructible, dans une asphyxiante étreinte, est une chance de survie, par l'équilibre et la transaction de la terreur et de l'écriture. « **Si simple l'agonie** »…, ubiquité de la douleur dont vient de se tracer l'épure.

—Jacques Dupin, 2005

Pain is a fragment of the sun." Pain is a lever, a lightener. It never leaves him. It leaves him only for a brief respite, making him await its return, its resurgence that he welcomes, so he writes, like a "grace", "the desire of my illness", its "pleasure bought to perfection". For he has gone so far, pain has dug so deeply, has explored his body so intensely that between the two of them the indestructible bond, the asphyxiating embrace, is a chance of survival, achieved by striking a balance, forging a transaction, between terror and writing. "**So simple, dying**" … ubiquity of the pain whose diagram has just been traced.

—*Jacques Dupin, 2005*

MOVEMENT THROUGH THE END

A Portrait of Pain

MOUVEMENT PAR LA FIN

un portrait de la douleur

Je me résous à parler puisque cela aussi sera emporté.

Quelques minutes avant mes plus longues crises je vois distinctement, je vois car la joie est alors mon seul besoin, des trombes d'eau s'abattre par une ouverture du plafond et dans la mer d'orage se déplacer la masse noire d'un soleil.

Mon lit porte un corps à peine redressé.

Ce corps est un angle où ton regard se déchire. Dans sa plaie il vit.

La tête te fixe.

L'épaule gauche est bandée, elle saigne abondamment, le bras est tendu, un fer le traverse, la main est posée sur les organes génitaux, elle tient un drain où caillots et cristaux coulent avec l'urine. L'autre main écrit machinalement dans un cahier à couverture noire. L'abdomen est proéminent, les hanches crevées par l'escarre. Les jambes en lames sont recroquevillées à plat comme la drogue les a fauchées.

Aujourd'hui s'achève sans infléchir une crise qui prolonge sa veille. Ma chambre est aux courants d'air. L'océan vient, je suis sa lumière et son cri.

Le sternum est découpé pour une intervention sur le coeur qui bat un rythme de métal. Un tuyau jaune-guêpe est planté dans la gorge, il crache des antibiotiques à l'intérieur d'un ventricule.

Je m'autorise une injection dont le pouvoir ne désagrège pas la douleur mais la couvre d'une peau et m'isole pour un temps dans un corps d'où je peux écrire.

Génétique, mon infirmité me domine. Penser à elle mène vers sa perfection l'oeuvre de la maladie. À force de souffrir le discours s'élabore, esprit venu sur les déplacements du ciel.

N'as-tu jamais attendu l'ange du matin ?

L'orage ensanglanté arrache le plafond.

Mon corps est un éclat de verre. Alors que j'écoute mes os se briser je perds la vue, la parole.

I have resolved to speak because this too will be carried away.

A few minutes before my longest crises I see distinctly, I see, for joy is at such times the only thing I need, cloud bursts pouring through an opening in the ceiling and the black mass of a sun moving through the stormy sea.

My bed supports a body barely propped up.

This body forms an angle on which your gaze is torn to shreds. A body that lives in its wound.

The head stares straight at you.

The right shoulder is bandaged and bleeds abundantly. The arm is taut, with an iron spike running through it. The hand lies on the genital organs, holding a drain through which flow clots and crystals together with urine. The other hand writes mechanically in a notebook with a black cover. The abdomen bulges, the thighs are creviced with bedsores. The shredded legs are curled flat as the drug has mown them down.

Today sees the unfaltering end of a crisis which has been dragging out its watch. My room is open to the air. The ocean comes in. I am its light and its cry.

The sternum is slit to allow the beating heart to adopt a metallic rhythm. A wasp-yellow tube sticks out from the throat, spitting antibiotics into a ventricle.

I allow myself an injection whose power cannot break up the pain, but covers it with a skin that isolates me for a while in a body in which I can write.

My infirmity, which is hereditary, dominates me. Thinking about it allows the illness to advance towards its completion. Suffering develops words, like a spirit created through the movements of the heavens.

Have you never waited for the angel of morning?

The bloody storm rips the ceiling away.

My body is a splinter of glass. As I hear my bones breaking, I lose the power of sight and speech.

Les yeux tombent au fond du crâne, la langue enfle, elle sort de la bouche. Un filament glacé s'enroule autour des chevilles, un autre entaille les jambes, un autre les reins, le dos, un autre, encore un autre.

Il pleut des barbelés. Suspendues à des centaines de griffes, mes mains cherchent le souvenir de leurs gestes.

Je me penche pour vomir, m'étonnant de sentir ma maladie sur le flanc. Rien ne vient, j'avale de la boue.

Je suis dans un sac.

Il y a dans ce mal une intransigeance, une obligation de pauvreté, qui me font l'intime d'une agression. Mais jamais je n'affronte ce qui me frappe. Je pense un repos où la pulsion de mort et la miséricorde se mêlent.

Rejoins cette plus juste personne que tu es dans la douleur. Soulage la détresse d'un amour qui ne peut te toucher sans te faire souffrir.

Vivant par relation à la mort d'autrui, un médecin me couche auprès des agonisants.

Voici les dernières choses du monde : un drap chaud, un bruit de porte pneumatique, un garrot. Je m'endors sur *Les Sept Paroles du Christ sur la Croix* de César Franck. M'en souviendrai-je ?

Le coeur cesse de battre. Le corps vidé de son sang devient une réalité qui n'a de nom en aucune langue. Passe un jour qui ne compte pas, serré comme une bille de plomb.

Une décharge électrique, le coeur repart.

Avec lui la conscience, il faut choisir : s'enfoncer en suivant la racine de la plaie ou poursuivre dans sa fleur l'écarlate souffrance ?

Un mouvement derrière mon épaule gauche me propose d'en finir. C'est une voix dans ce qui est détruit, identique à la mienne en ce qu'elle me domine. Elle pleure avant moi et au plus profond la proie à laquelle je ressemble. C'est une consolation.

Découvrant ce qui m'attend je reviens à la vie. Je m'éveille dans les coups. Aucune douleur ne se compare à la douleur de naître.

My eyes fall to the bottom of my skull, my tongue swells, extending from my mouth. A frozen filament wraps itself around the ankles, another slices the legs, yet another strips the buttocks, the back, another and still another.

A rain of barbed wire. Hanging from hundreds of hooks, my hands seek the memory of their gestures.

I lean over to vomit, astonished to feel that my illness is on its last legs. Nothing comes, I swallow mud.

I am in a bag.

This illness possesses an obduracy and an obligation of poverty that make me an intimate accomplice of aggression. But I never confront my attacker. I think of a repose in which the longing for death mingles with pity.

Join up once again with that more reasonable person you are when you're in pain. Sooth the distress of a love that cannot touch you without making you suffer.

Living in relationship with the death of others, a doctor lies me down beside the dying.

Here are the last things of life: a warm sheet, the noise of a pneumatic door, a garrote. I fall asleep to *The Seven Words of Christ on the Cross* by César Franck. Will I remember it?

The heart stops beating. The body, emptied of its blood, becomes a reality that has no name in any language. A day goes by that doesn't count, a day as dense as a lead marble.

An electric shock, and the heart starts up again.

And with it, awareness. I have to choose: dive deeper to seek out the root of the wound, or pursue the flower of scarlet suffering?

A movement behind my left shoulder suggests that I bring it all to an end. It's a voice stemming from what has been destroyed, identical to my own in that it masters me. It mourns before I do, and mourns more profoundly, the prey I resemble. It is a form of consolation.

Discovering what awaits me, I return to life. I regain consciousness in a series of blows. No pain can be compared to that of being born.

Une semaine durant je refuse mon souffle. Un appareil me fait respirer.

Cette épreuve qui provoque l'abattement, la colère et tous les faux courages ne me trouble pas. J'y puise à grande eau, comme d'autres la terreur, la tranquillité.

Quelle est la portée du sacrifice ? Je perds la moitié du coeur, la maladie semble altérée avec lui. Un instant je me crois amputé d'un songe. Mais cette nouvelle liberté dépend de mon extrême faiblesse. Peu à peu la douleur revient et le ciel retrouve sa blancheur de morphine. Un corps paisible dort à l'aplomb du poignard, un corps soulagé par l'épreuve, lieu vide sans issue ni accès, que le mal affranchit de la mort. La douleur est son éternité. La mort abolie dévore ce corps au milieu du désert. Le festin dure toujours. Il n'a pas commencé.

L'air reflue profondément, happé par un trou, il brûle. Alors je distingue la luminosité noyée dans la vapeur, puis substance rayonnante sortant d'elle-même en déchirant sa peau. Quand elle apparaît, la douleur voit. Qui vole au firmament corporel de ce regard ? Puisque je ne serai pas détruit je me livre à la souffrance nue et je tente d'ignorer que cette grâce presse si hâtivement. Je suis le désir du mal et dans son triomphe son parfait plaisir.

La maison est en paix. La lumière attire un papillon qui me rappelle au contact physique de l'air libre. Ma pensée, métaphore de la vie, se détache de la terre. J'oublie que je sais que ceci est mon corps quotidien. Quand cette heure touchera à sa fin je lui disputerai ses ailes.

La douleur met à son emprise de la fluidité.

Pénétré, plongé en elle, je me tiens comme dans le dessein de dormir, si calme que je n'ai aucun souvenir de ma crise précédente, aucune appréhension pour celle à venir. Je ne souffre pas. Une heure pleine sonne au clocher. Un trait noir, un trait blanc, entre terre et ciel je passe, presque sans connaissance, je glisse. L'heure dentée fait un tour sur elle-même, elle pâlit. Je rencontre le mal autour de ses plus basses flammes. Nulle part, baigné dans cette lumière corporelle, dérive l'instant de la mort.

Je le frôle à peine, un frisson m'en distrait.

For an entire week I refuse to breathe. A machine does it for me.

This test, which provokes despondency, rage and all the brands of false courage, doesn't worry me. I plunge deep into it, as others plunge into terror or tranquility.

How extensive is my sacrifice? I lose half my heart, and my illness seems to have changed with it. For an instant I think I've been amputated of a dream. But this new freedom depends on my extreme weakness. Little by little the pain returns and the sky recovers the pallor of morphine. A peaceful body slumbers below a dagger, a body relieved by being put to the test, an empty place, with no way in and no way out, set free from death by illness. Eternity for it is pain. Death, being abolished, devours this body in the middle of the desert. The feast lasts for ever. It had no beginning.

The air surges profoundly. Snatched by a void, it burns. Then I distinguish pain coming from outside, at first a very pale luminosity drowned in mist, then a radiating substance bursting out of itself by tearing open its skin. When it appears, pain sees. What is flying in the physical firmament of this gaze? Since I won't be destroyed I abandon myself to naked suffering and try not to realize that this grace rushes on so quickly. I am the desire of my illness, and in its triumph, I am its pleasure brought to perfection.

The house is at peace. The light attracts a moth, recalling me to the physical contact of free air. My thought, a metaphor for life, breaks free from the earth. I forget that I know this is my daily body. When this hour is nearly over, I will fight for its wings.

Pain adds fluidity to its power.

Penetrated by pain, plunged within it, I hold myself as if I plan to sleep, so calm that I have no memory of the crisis I have just experienced, no fear of the one that's coming. I do not suffer. The bell tolls a full hour. A black line, a white line, between earth and sky I pass almost without consciousness, I slide. The jagged hour turns on itself and grows pale. I encounter the illness around its lowest flames. Nowhere, bathed in this corporeal light, does there float the instant of death.

I barely touch it, a shiver distracts me.

La douleur se cristallise. Elle étrangle l'apparition que je prenais pour elle, change en hébétude la paix que je tenais. Il n'y a entre deux douleurs successives qu'un répit trop bref pour un bonheur. C'est pourtant une unité de silence qu'il est possible d'aimer puisqu'elle est humaine et libre de toute attache.

L'ombre n'est pas le fruit noir de mon coeur, si légère ma pente avec le vent qui tourne. Le fauteuil roulant ramène les perspectives à celles d'un enfant. Les médicaments que j'avale pour continuer à souffrir sont comme les chaises longues des vieux qu'on voit en été le long des fleuves, dans les parcs, sur les esplanades : véhicules immobiles du sommeil éveillé.

Dans la hauteur elle est brutalité, dans la longueur et la largeur ténèbre, dans la profondeur humanité. La ville. Au bas d'une colonne un corps couvert d'une grande pièce de toile est détruit. Ses gémissements vont devant lui, ils rampent. Autour, sur l'asphalte, son sang est piétiné. La ville qui me fournit en drogues se tord, nouée dans le désastre, toute remplie du bloc massif et puant d'elle-même, séparée de tous. J'y ramasse à ras de terre le regard du mendiant : quand nos yeux se rencontrent il me semble qu'ils sont mon supplice et moi le leur et que quelque chose de très doux est dans cet échange. Là sont mes frères que je vois, ils me regardent, éblouissants.

Existe-il un nom pour cette douleur à l'aplomb de l'homme? Servante ? Soeur ? Amour ? Dieu ? Toi qui souffres, donne-lui une âme.

Existe-t-il une lumière qui se garde des autres, une douleur qui ne se partage pas ? À ta porte je ne vois personne que tu ne pourrais accueillir. La douleur est le chemin libre d'un nouvel amour. Mille tourments subis, mille baisers en retour.

*   *   *

De loin c'est une étoile, de près une silhouette bras et jambes écartés et fléchis dans la position dynamique d'un freerider exécutant un duffy. À droite de la tête une croix blanche. Et par-dessus le tag, tout autour, il y a comme une cage, l'ossature métallique d'un pont. Quelqu'un s'en est balancé cette nuit, ce danseur à la craie avec la croix au point d'impact. C'est à ça qu'il ressemble aujourd'hui, le corps disloqué des villes où les morts ne sont plus même des cadavres.

Sors de ta demeure, viens dans la nuit heureuse veiller avec moi notre frère.

*   *   *

Pain crystallizes. It strangles the apparition I had mistakenly thought was it, changing into stupor that peace I had been maintaining. Between two successive bursts of pain there is merely a respite too brief for happiness. And yet there is a moment of silence that it is possible to love since it is human and free of all ties.

The shadow is not the black fruit of my heart, so slight is my slope with the turning wind. The wheelchair restores perspectives to those of a child. The medications I swallow so that I can go on suffering are like those sofas belonging to old people that you see in summer along the rivers, in parks and esplanades: immobile vehicles of waking sleep.

In height it is brutality, in length and breadth darkness, in depth humanity. The city. At the base of a column a body covered with a great section of canvas lies destroyed. Its groans precede it, crawling along. All around on the asphalt its blood has been trampled underfoot. The city which supplies my drugs twists itself, knotted in the disaster, completely filled with the massive stinking block, separated from everything. Level with the ground I pick up the gaze of a beggar. When our eyes meet it strikes me that his eyes are my suffering and mine are his and that there is something very sweet in the exchange. There are my brothers that look at me as I look at them, dazzling.

Is there a name for this pain that sweeps over us? Servant? Sister? Love? God? You who suffer, give it a soul.

Is there a light that withholds itself from others, a pain that cannot be shared? At your door I see no one that you couldn't welcome. Pain is the open road to a new love. A thousand torments suffered, a thousand kisses given in return.

*   *   *

From afar, it's a star, close up a silhouette with arms and legs spread and bent into the dynamic position of free-rider performing a Duffy. To the right of the head there's a white cross. And through the tag, all around, there is a kind of cage, the metallic skeleton of a bridge. Someone balanced on it last night, this chalk dancer with the cross at the point of impact. This is what it is like today, the dislocated body of cities where the dead are no longer even cadavers.

Come out of your dwelling place, come into the happy night and watch our brother with me.

*   *   *

21

Là où je me tiens le silence me limite. L'instant de la mort se refuse, toujours. Il est la profondeur sensible du ciel.

La douleur est effort de la mort. Elle prend par bouffées. Un fil blanc comme la chair se balance dans l'air. La chambre s'abaisse, plus bas, plus bas, elle s'appuie sur les poumons. Et la peau s'étire, tendue contre les murs, toujours plus fine à la pointe de l'os. Il y a dans la mort une danse légère qui se prolonge longtemps après la fin du jour. Elle est faite des états successifs du silence dont chaque vie s'imprègne en épuisant sa souffrance.

Where I am silence limits me. The instant of death refuses to come, always. It is the palpable depth of the sky.

Pain is an effort of death. It seizes you in surges. A white thread like flesh floats in the air. The room drops, lower and lower, pressing on the lungs. And the skin stretches, hung against the walls, ever finer on the tips of the bone. There is in death a light dance that continues long after the day has ended. It is made of the successive states of the silence in which every life is steeped as its suffering wears out.

J'aime à travers mon agonie ce qui la fonde, non par fascination pour le mal, mais parce que je satisfais au besoin de rédemption commun à tous les hommes. J'aime le mal pour ce qu'il m'ôte d'irréalité. Le mal est toujours vrai, la régularité avec laquelle il frappe disperse l'incertitude de chaque jour. De même que le soleil de l'ancienne Égypte renaissait avec l'aurore, chaque douleur est nouvelle et ne vit qu'une fois. Je n'ai plus de quoi vivre, je n'en peux plus. Une douleur finit, elle coulisse à l'intérieur de mon corps en nage ; je la respire comme la mer.

Je sais qu'en m'effaçant peu à peu avec mon mal je me sentirai toujours mieux. Je trouve une source de larmes dans la lumière du soir. Je ne pense à rien, je vois par la fenêtre ma liberté aussi joyeuse que moi.

Avec quelle douceur le corps me porte. Quand je te tiens, mon crâne, quand je te plonge et te maintiens à l'intérieur de mon flux, quand ton écorce se fend, quand à travers tes dents tu me regardes, accepte ma tendresse, attends que je te tienne pour moi. Laisse-toi perdre. Qu'à ma venue se disloquent les jointures de tes os. Attends. Il faut que ta patience soit demeure de souffrance, comme un chiffon imbibé d'essence,pour qu'y buvant ma flamme tu finisses par la vie.Chaque jour qui passe te lie plus fortement à moi, le peu de forces que tu as suffisent à nous ouvrir le coeur. Écris : toute parole vraie porte en elle sa possibilité. Répète : je veux une écriture synonyme de prière. Écrire n'est possible qu'en attente d'infini. La douleur dite apparaît éternelle.

Aujourd'hui est si présent ! Tel que je fus créé, irréductible souffrance, je pleure de joie en connaissant ma douleur. De nos deux abandons elle est celui que je plains. Je ne désire ni ne refuse le mal, je le prends dans mes bras. J'embrasse les deux visages de l'acceptation, le consentement et l'assentiment.

Je partage tout. Murmure, tonnerre, la pluie d'aurore, l'air au bord de l'eau. Le corps malade est un puits pour les autres ; ils viennent y faire leurs voeux. Ou plutôt, comme il existe une hiérarchie des âmes damnées ou comme les corps célestes les plus lourds attirent à eux des satellites, ma souffrance plus compacte pousse ceux que je reçois à me montrer leurs peines. Tous (infirmière, médecin, menuisier alerté pour clouer une planche sur un volet battant, simple visiteur), après avoir pris de mes nouvelles puis m'avoir fait l'aveu d'une misère quotidienne, me confient le malheur de n'être pas aimés. Alors je m'enrichis de l'enfance de ceux qui pleurent.

Ils sont venus avec la nuit, se sont assis. Ils ne parlent pas, ils sourient. Leurs yeux sont des larmes. Si je mourais à l'instant j'entrerais plus avant dans la douceur. Il pleut à peine. Une buse tourne sur le vieux mur. Enlevé dans ses

Through my death throes I like what forms them, not from any fascination with the illness, but because it satisfies the need for redemption I share with all humans. I love the illness because it divorces me from the unreal. My illness is always true, the regularity with which it strikes disperses the uncertainty there is in any day. Just as the sun of ancient Egypt was born again with the dawn, so each pain is new and lives only once. I no longer have the facility to live; I can bear it no longer. Pain ends, concertinaing in a wash of sweat within me. I breathe it in like the sea.

I know that in withdrawing myself little by little with my illness I will always feel better. I find a source of tears in the evening light. I think of nothing and through the window I see my freedom as joyous as I am.

How gently my body carries me. When I hold you, my skull, when I plunge you and support you within my flow, when your bark splits open, when through your teeth you look at me, take my tenderness, wait for me to take you for myself. Let yourself go. When I come, let the joints of your bones snap apart. Your patience must be the dwelling place of suffering, like a rag steeped in petrol, so that as you drink my flame, you end in life. Each passing day binds you closer to me. The little strength you possess is enough to let us open our hearts. Write: every word carries its own possibility. Repeat: I want a writing which is synonymous with prayer. Writing is possible only as you wait for the infinite. Pain once told appears eternal.

Today is so present! Such as I was created, irreducible suffering, I weep for joy in knowing my pain. Of our two renunciations, that is the one I pity. I neither desire nor refuse my illness, but take it in my arms. I embrace the two faces of acceptance, consent and assent.

I share everything. Murmur, thunder, the rain at dawn, the air along the water's edge. A sick body is a wishing well for others who come to it to make their wishes. Or rather, because there is a hierarchy of damned souls or as the heaviest heavenly bodies draw satellites to themselves, my more compact suffering drives those whom I receive to show me their wounds. All (nurse, doctor, carpenter brought in to nail a plank in a flapping shutter, simple visitors) after having heard my news then confess to me their own daily misery, confide in me the misfortune of not being loved. And then I grow rich on the childhoods of those who weep.

They came with the night. They sat down. They don't speak, they smile. Their eyes are tears. If I were to die at this moment I would go deeper into sweetness. There is a very gentle rain. A buzzard wheels along the old wall. Lifted up in

cercles je voyage, porté par les épaules. D'en haut tout est offert. Je vois un filet d'or autour du cimetière, l'ornière saluer le feu du ciel. La terre est sans chagrin.

Jamais ne s'effacent de mon front les baisers de ceux qui m'aiment. Ils enfouissent en moi la promesse du soir. Mais je suis loin d'eux, au fond de la chair blanche où, devenu mon amour, je m'exténue. Pur songe que le désir d'un corps sans organes, pure fatalité. Une rose se perd dans chaque baiser. Repose, repose le temps et pose ta fleur. Assez.

Le corps est un fourreau pour la seule agonie, fendu quand se cambre le long pli de la révélation du coeur, la douleur sortie de sa gangue. Assez de pleurs.

Ils veulent soulager le malade, contrer la maladie, ils font des voeux. Ils prennent sa main pour lui donner des forces. Mais le malade fait magie de sa souffrance, il ne peut être secouru. C'est lui qui porte secours. Sa souffrance rend meilleur. Amour est moins fort que douleur. Depuis toujours.

its circles I travel, born along by my shoulders, like a cross. From on high everything is offered me. I see a golden thread around the cemetery. I see the furrow salute the fire from the sky. The earth is without sadness.

The kisses of those who love me never fade from my brow. They bury within me the promise of evening. But I am far from them, deep within the white flesh that, in the form of my love, I exhaust. The dream of body without organs is a pure dream, a pure fatality. A rose is lost in each kiss. Rest, let the hour rest and set down your flower. Enough.

The body is a sheath for death alone. It splits when the long fold of the heart's revelation surges up, pain bursting free from its strait jacket. Enough of weeping.

They want to soothe the patient, counter the illness, they make wishes, they take his hand to give him strength. But the patient weaves magic from his suffering and cannot be helped. It is he himself who brings help. His suffering makes him better. Love has less strength than pain. This has always been so.

Plus tard un cri. Le corps se rompt. Le silence est dirigé en bas, la chair flotte sur cette épaisseur, ombre dans les bras d'une ombre, dans les bras d'une ombre.

L'univers se vide et prend la face de la mort. Je sommeille, la tête enveloppée d'un linge. Tout devient si vaste, la lumière infinie. Le plafond est ouvert aux étoiles nouvelles.

Si simple, l'agonie. Réconfort de savoir que je souffrirai jusqu'à la fin. La douleur est un amour qui me rapproche vivant de l'éternité. Vide clarté qui se donnant à moi ravit qui je suis. Combien d'hommes ont subi le mal leur vie durant sans être consumés ? Combien ont cru voir Dieu ?

Si fausse, la supplique. Mépris pour cet ultime recours, je ne soumettrai pas la douleur au désespoir que peut vaincre la foi. La douleur est infiniment plus dure que le désespoir. Elle ne se partage pas avec la peur. Elle ne brûle que du désir de vivre.

Later there's a cry. The body is torn asunder. The silence is thrust under, the flesh floats on that thickness, a shadow in the arms of a shadow, in the arms of a shadow.

The universe empties itself out and assumes the face of death. I sleep, my head wrapped in linen. Everything becomes so immense, the light infinite. The ceiling is open to the new stars.

So simple, dying. It is a comfort to know that I will suffer until the very end. Suffering is a form of love that brings me closer to eternity while I'm still living. An empty brilliance that by giving itself to me takes from me what I am. How many men have felt pain their whole life long without being consumed by it? How many have thought they saw God?

How false the petition is. Out of scorn for that last resort, I will never submit pain to the despair that faith can overcome. Pain is infinitely harder than despair. It cannot be shared with fear. It burns only with the desire to live.

Si loin de cette vie, dans la nuit calme, crie l'oiseau de proie.

Il me reste peu d'ombre pour m'abriter de la mort. Le soleil se lève derrière les arbres.

La douleur détruit toute idée d'au-delà, l'ailleurs de la douleur est encore sa durée.

Peu importe de savoir le moment, l'intensité de la prochaine crise. L'heure en s'avançant écrase la pénombre, la douleur lâche sa meute de lumières. Elle me trouve en la forêt de longue attente. Élue de chasse aux constellations surgies, elle prend mes yeux. J'entends le nom sacré de la douleur. Justice. J'ai force de répondre. Je frappe, je frappe la lumière d'un amour qui ne connaît pas la pitié. Douleur entre les troncs sans écorce caresse mes mains.

Un bruit. Ceux qui m'aiment quittent la chambre. Leur absence reste longtemps imprimée dans l'air. Le vent fait craquer les vitres. La porte garde le corps de ce côté quand la pensée se déchire et disparaît nulle part.

Je voudrais ne pas être seul, en allant vers la fin devenir un paysage, un village au désert, invisible de jour quand les mirages l'entourent, dévoilé par le crépuscule aux étoiles légères quand, vif sur le chemin du voyage, il oriente l'éveillé en son vide intérieur.

Le jour vient sur la maison et je crois que ce néant est encore l'humanité, que le monde n'est pas orphelin.

*   *   *

À l'hôpital l'enfant pleure. On l'a amputé d'un bras et ses parents sont loin. L'étage est vide. L'enfant meurt, il a trois ans.

Vers le pont du cimetière sa tombe est la seule à fleurir l'hiver. L'été, elle est la plus triste sous sa couronne de roses artificielles.

*   *   *

F ar off in this life, in the calm night, the cry of the bird of prey.

I don't have much shade left to shelter me from death. The sun rises behind the trees.

Pain destroys any idea of a beyond. The elsewhere of pain is still its continuation.

It doesn't matter much whether you know the moment or the intensity of the next crisis. As the hour passes it crushes the penumbra, pain sets free its hounds of light. They find me in the forest of long waiting. Elite hunters in the risen constellations, they seize my eyes. I hear the sacred name of pain. Justice. I have the power to reply. I strike, I strike the light with a love that pity doesn't know. Between trees that have no bark pain caresses my hands.

A noise. Those who love me leave my room. Imprinted on the air their absence lingers for a long time. The wind makes the panes crack. The door holds the body on this side when the thought tears itself into fragments and disappears nowhere.

I would like not to be alone, and when I go towards my end I'd like to become a landscape, a village in the desert, invisible during the day when the mirages surround it, revealed by dusk with its pale stars when, brisk on the path of the journey, it orients the awakened victim in his inner void.

Day comes over the house and I think this void is still humanity, the world is not an orphan.

*　　　*　　　*

In the hospital, the child weeps. His arm has been amputated and his parents are far away. The stage is empty. The child dies. He is three years old.

Near the cemetery gate his tomb is the only one bringing flowers to winter. In summer it is the saddest under its wreath of artificial roses.

*　　　*　　　*

La forêt encercle le malade. Au centre, toute la souffrance. Autour toute la vie, heureux ceux qui s'y perdent, ils sont sous la protection des ténèbres. Ils vont et leurs pensées composent des bonheurs, rien ne trouble l'enchantement où les plonge l'existence.

Écoute. Silencieusement, respire. Imagine l'obscurité de toujours. Trop tard, tu es pris. Les branches s'estompent, la lumière les plie, d'en haut elle te frappe à quatre pattes comme un chien. Tes jambes sont brisées contre les souches et sur ton visage, le sang griffé des franges. Un sifflement fuse, lointain.

Voici l'étendue où la nuit ne vient jamais. Traqué, je m'enferme au désert , c'est un disque jonché d'éclats, de pierres tombées. Je cours la douleur, ébloui par la beauté de ses lampes.

Le soleil est dans les stores, il y était avant l'aube, déjà.

J'ai soif.

The forest surrounds the sufferer. In the center, all is suffering. Around lies all of life. Happy those who lose themselves there, for all of them are under the protection of the shadows. They go and their thoughts create happiness, nothing disturbs the enchantment into which life plunges them.

Listen. Breathe silently. Imagine eternal darkness. Too late, you're caught. The branches fade, light bends them, and from on high it strikes you with all four feet like a dog. Your legs are broken as they're dashed against the stumps and on your face lies the blood clawed from the fringes. A hissing bursts out, far off.

Here are the reaches where night never comes. Hunted, I lock myself away in the desert, a disc heaped with splinters and fallen stones. I hunt pain, dazzled by the beauty of its lamps.

The sun is in the blinds and was so before dawn, already.

I am thirsty.

Dans le désert, la montagne escarpée et sauvage des douleurs qui ont trouvé le repos. Elles sont entassées pêle-mêle avec les roches, les herbes folles. Sur ce lieu le ciel est absent, c'est une déchirure où la flèche du charnier s'enfonce.

Dans la bouche un métal, dans la paume une plaie, je compte les crochets qui charpentent mon corps. Je perds la faculté de voir hors de moi quand je suis face à la douleur, de supposer un jour plus pâle derrière elle. Échange d'amour, que lui opposer de plus fort ?

Venez-moi en aide, j'ai mal.

La lumière est comme la chair, matière de la pensée : dans sa peur de disparaître elle s'affirme vivante. Il n'est de mauvaise heure pour qui a perdu l'angoisse de penser sa mort et le désir de raconter son rêve.

L'amour est dans l'air à jamais prisonnier.

*   *   *

La chevrotine a pris la tête de l'homme, tout l'os, ne laissant que les yeux et la peau en plis. Il est assis par terre une bouteille contre sa hanche. Le fusil a voltigé à travers la pièce, il est dressé crosse en l'air dans un coin. Sous le pont qui touche la fenêtre, à chaque passage du train, la chambre s'emplit de ferraille.

Partage ta vie avec ton frère si pauvrement abandonné dans le silence.

*   *   *

Où poser la tête ?

In the desert, the wild and craggy mountain of suffering that has found repose. It lies piled up in the cliffs, the wild grass. Over this place, no sky, a rift into which the arrow of the charnel house drives every deeper.

Metal in my mouth, in my palm a wound, I count the hooks that hold my body together. I lose the facility to see outside myself when I am face to face with pain, unable to imagine a paler day behind it. An exchange of love, what could one set against it that is stronger?

Help me, I'm in pain.

Light is like flesh, the substance of thought. In its fear of disappearing it proves itself alive. There are no bad moments for those who have lost the anguish of thinking of death and the desire to tell their dreams.

Love is held forever prisoner in the air.

*   *   *

The buckshot has taken the man's entire head, all the bone, leaving only the eyes and the flapping skin. He is sitting on the ground with a bottle against his thigh. The gun has leapt through the room, and stands upside down in a corner. Under the bridge that touches the window each time a train goes by, the room fills with iron scraps.

Share your life with your brother so meanly abandoned in the silence.

*   *   *

Where can I set my head?

Le bord du chemin est un tesson. Tous les départs avortent. Pourtant, je ne me lasse pas de chercher ce lieu d'embrassements.

Je pars à sa rencontre comme au devant de la terre promise.

Ai-je tort d'aimer le grand jour sans après ?

Es-tu vrai quand tu dis ne pas craindre l'abandon, perdras-tu sans douter jusqu'à ta volonté ?

La crise finit. Les yeux crevés laissent couler l'esprit. Lampes de sang écrasées sous les blocs.

Le coeur léger je patiente au milieu des fumées, mes forces inutiles dispersées alentour. À mon réveil je ne reconnais rien. Un rythme de houle relève un peu la vie, l'océan appelle en battements. Personnage réduit à sa seule présence, j'entends à peine, à peine. J'existe sans vivre car plus rien ne m'éclaire. Sur une de mes jambes nues un papillon se pose comme dans la cendre.

La patience que j'appelle agonie se perd maintenant que la douleur, esprit légitime du corps qu'elle détruit, morcelle mon être. La vie intérieure est réduite au phénomène qui la disloque.

Nombreuse encore à venir, se détachant blanche du sommet, cette douleur me protège de façon que je puisse méditer vierge de tout désespoir. Elle est une vérité enfoncée dans mon coeur, aussi réelle que le devenir, plus forte que mon désir d'envol. Lorsque je peux désirer la douleur, je la sens se briser avec moi.

Libre devant l'immense soudain.

Incise l'amour, soulage la joie, disperse au milieu des espaces la déploration comme le désir. Souffrance ou miracle de beauté ? Présence du réel dans les vagues et par dessus l'étendue, le phare, force vacante et destinée. La nuit tourne avec le ciel, emportée par ses rayons, l'infini dans cette seule étoile et toute la douleur.

Toi qui espères une délivrance selon ton coeur, la faveur d'une mort sans peine, pense qu'elle te semblera toujours prématurée. Perds l'illusion de ton âme éternelle, c'est de ton corps que tu ne cesses de tomber. L'oeuvre qu'il t'est donné de faire est de sang et d'eau, c'est ton corps-patrie conçu à l'usage

The edge of the path is a broken bottle. All departures are abandoned. And yet I never grow weary of looking for this place of kisses.

I set out to meet it as if I were going to the Promised Land.

Am I wrong to love the great day that has no tomorrow?

Are you telling the truth when you say you're not afraid of letting go? Will you lose even your willpower without realizing it?

The crisis ends. The gouged eyes let the soul pour from them. Lamps of blood lie crushed beneath the blocks.

With heart now light I wait patiently among the smoke, my useless strength scattered all around me. When I wake up I don't recognize anything. A rhythmic swell raises life a little, the ocean calling me with every beat. An individual reduced to a mere presence I barely understand anything, anything at all. I exist without living for nothing enlightens me any more. On one of my naked legs a butterfly lands as if in ashes.

The patience I call dying is lost now that pain, the legitimate spirit of the body it destroys, breaks my being asunder. My inner life is reduced to the phenomenon that is tearing it apart.

There will be many more such moments of suffering, separating out whitely from the summit, but pain protects me so that I can meditate unadulterated by any despair. It is a truth lodged deep in my heart, as real as the future, stronger than my desire to fly away. When I can desire pain I feel it shatter at the same time as I do.

Free before the vast suddenness.

Lance love, relieve joy, scatter into the open spaces both lamentation and longing. Suffering or a miracle of beauty? A presence of the real in the waves and beyond the expanse, the lighthouse is an empty and predestined force. Night turns with the sky, carried off by its rays, infinity in that sole star and all the pain.

You who hope for a deliverance according to your wishes, the favor of a painless death, remember that it will always strike you as premature. Lose the illusion that your soul is eternal, it's from your body that you are constantly falling away. The

de la souffrance. Pense que la mort est outrepassée chaque fois que tu souffres car ton esprit voit le jour dans ta douleur.

Plus ton esprit viendra dans sa clarté, ta faiblesse s'unissant à lui portera une enfance, moins la mort te sera dure ou scandaleuse. Tu pourrais la confondre avec le départ d'un oiseau entre les ronces ; est-ce là tout le mystère de ton mal ?

Je veux dire que la douleur n'est jamais une satisfaction mais que la vie poursuit en elle sa liberté.

Mon existence est un mouvement par la fin ; je donne mon assentiment au démantèlement, le mien, qui va l'amble avec celui d'autrui et souvent plus vite que celui des choses.

Tout est bien, tout délivre et le monde extérieur dérive près de soi.

Je suis trop épuisé pour me battre, trop faible même pour consentir à la mort. Mon consentement serait l'aveu d'une guerre - je ne consentirais à mourir qu'au désespoir de ne pouvoir vaincre - non, je ne renonce pas à vivre, mais je m'épuise à disparaître.

La pensée du ressentiment est un exercice d'homme fort.

task you've been given is one of blood and water, it's your body as homeland conceived for the purposes of pain. Remember that you go beyond death every time you suffer, for your spirit sees the light in your pain.

The more your spirit comes in all its brightness, the more your weakness will combine with it to bring a childhood, and the less death will seem harsh or scandalous to you. You could confound it with the departure of a bird through reeds; is this the entire mystery of your illness?

I mean that pain is never a satisfaction but that life pursues in pain its own freedom.

My existence is a movement for the end; I give my agreement to its dismantling, my own dismantling, which matches its stride to that of others and often goes more quickly than the dismantling of things.

All is well, everything liberates and the external world drifts near itself.

I am too worn out to struggle against myself, too weak even to agree to death. My agreement would by the avowal of a war—I would consent to die only if I despaired of not being able to conquer—no, I am not giving up life, but I exhaust myself in disappearing.

The thought of resentment is the exercise of the strong.

Ce qui vient me prendre me trouve comme je suis né, ignorant tout de la liberté, libre jusqu'au fond du coeur.

J'aime la douleur à laquelle je ne peux échapper et je mets dans cet amour tout le poids de l'inutile.

Le silence est au-dessous de la pauvreté des hommes.

Pour qui souffre, la beauté est toujours spirituelle. Heureux qui donne son assentiment à sa douleur, il fait de sa mort une prière.

Je ferme les yeux alors que la douleur m'envahit, alors que je descends jusqu'au fond, je parle doucement - ne retiens pas ton âme, ne crains rien, tu es en train de naître.

Rien ne fut perdu. Rien ne manque, le ciel est aussi blanc qu'au temps des premiers êtres. Dirais-je que ce dénuement me convient ?

Oui.

Il est si parfait qu'il me dispose au seul choix qui ne soit pas de peur mais d'enthousiasme : jouir de cette mise aux fragments sans amertume, violence ni nostalgie.

La flèche du temps qu'on ne peut inverser me vole ma tristesse. Je n'ai aucune curiosité pour l'arrière-pays des poètes, aucun défaut de paradis. Je restreins à l'instant mon horizon d'attente et je tire du miracle de ce qui advient une force élémentaire où la joie, comme de la lumière, va s'épanouissant. À perte de vue triomphe l'accidentel.

À qui suis-je ? À la vide solitude qui me consume avec la même voix neutre éternellement confinée au secret - à l'éclair, disséminé dans l'univers entier ? Je lave mon visage, j'ai mal et pourtant je ne souffre pas. Tout s'éloigne et devient simple : le corps dilaté relâche du silence. Ce que la douleur n'a pas vu encore demeure entre les murs, un verre d'eau froide, des linges propres, un répit pour respirer, vivre et contempler. Mais l'amour trouve ce peu et l'enfonce dans les excréments.

Venu le plein midi qui retranche toute prétention au mystère, le laisse tel quel, hermétique aux ombres. Longtemps immobile le corps fredonne cinq notes qui suffisent à détacher son âme. La drogue porte le regard, du sang passe lentement à travers les parois. Dans l'épaisseur de ce jour la mort se balance.

Une lumière monotone verse ses urines, la mer.

What comes to take me finds me as I was born, knowing nothing of freedom, free to the bottom of my heart.

I love the pain I cannot escape and I put into that love all the weight the useless bring to bear.

The silence is beneath men's poverty.

For those who suffer, beauty is always spiritual. Happy are they who give their agreement to its pain, for they make their death into a prayer.

I close my eyes when pain invades me, while I dive to the depths, speaking softly—do not hold onto your soul, do not be afraid, you are being born.

Nothing was lost. Nothing is missing; the sky is as white as in the time of the first beings. Should I say that this bareness suits me?

Yes.

It is so perfect that it leaves me with the sole choice that is not one of fear but one of enthusiasm: to enjoy this fragmentation without bitterness, violence, or nostalgia.

The arrow of time whose direction cannot be changed steals my sorrow from me. I have no curiosity about the hinterland the poets speak of, no lack of paradise. I limit to this moment my horizon of waiting and I draw from the miracle of what is happening to me an elementary strength in which joy, like light, blossoms. As far as the eye can see the accidental reigns triumphant.

Who owns me? The empty solitude that consumes me with the same neutral voice eternally limited to the secret—to the lightning bolt, scattered through the entire universe? I wash my face, I am ill, and yet I don't suffer. Everything goes far off and becomes simple: the dilated body sets silence free. What pain has not yet seen remains within these walls, a glass of cold water, clean linen, a respite to breathe, live and contemplate. But love considers this insufficient and thrusts it down into excrement.

Midday comes with its removal of any pretence of mystery, leaves it as it is, hermetically in the shadows. The body, long motionless, hums five notes, enough to set its soul free. The drug brings sight, blood flows slowly through the walls. In the thickness of this day death hangs by a thread.

A monotonous light pours its urine, the sea.

Mouvement par la fin est un visage sans traits. La victime, puisque tel est le nom de la douleur parmi les hommes, ne s'y montre pas. Trop lucide pour se satisfaire de l'aveu, trop dépouillée pour se mettre à nu, elle ne parle ni par plaisir ni par nécessité, mais par pitié pour le mal dont le pouvoir est réduit au seul don de blessure.

Je crie.

Un portrait de la douleur est un récit d'absence. L'expérience incommunicable, à la fois la plus intime et la plus partagée, qui oppose celui qui souffre au reste de l'humanité mais rend identiques le frère et l'étranger, la douleur me fut offerte au lieu de la vie. Je n'ai donc nul ennemi car le mal permanent où je grandis m'a fait son égal.

Je crie.

Comment ce tableau donnerait-il une idée de mon quotidien ? Je ne m'y risque pas, comme je n'écris pas pour donner le sentiment de mon unicité. Quel besoin aurais-je de m'affirmer unique lorsque serrant les poings comme un homme je n'exprime aucun rapport avec la vie ? Je suis celui qu'une naissance inachevée abandonne sans être et sans corps définis dans la réalité des autres. Encore et encore. Qui s'enivre sans boire, guérit sans remède, s'offre sans cause, aime et souffre pour toujours.

Je crie cette parole, que la seule façon que j'ai de m'appartenir est de me représenter un amour tout de désolation, un amour exclusivement tourné vers le mal.

Je veux encore dire que chaque vie me semble plus digne d'amour que la mienne mais que je n'en désire aucune autre, pas même celle dont je suis privé. Il vient dans cet absentement concret qui me blesse un peu plus de beauté chaque jour : à mesure que je m'éloigne de la lumière, je m'enfonce davantage en elle.

Et cette parole, que c'est là une clarté ou une ombre, selon l'heure du corps, portée au coeur de la cruauté.

Enfin, que je ne trouve pas davantage de lumière dans ce que j'écris que dans ma vie. Pourtant nul autre lieu n'est possible qu'entre ces deux échecs où se renouvelle un peu de l'innocence terrestre.

Movement for the End is a face without features. The victim, since that is the name humans give to pain, cannot be seen there. Too lucid to find satisfaction in confession, too denuded to strip itself bare, the victim speaks neither out of pleasure nor driven by necessity but out of pity for the illness whose power is reduced to the single gift of the wound.

I scream.

A Portrait of Pain is a tale of absence. The experience that cannot be communicated, at once the most intimate and the most shared, opposing the sufferer to the rest of humanity but making him the brother and the stranger, pain was granted to me instead of life. It means I have no enemies because the permanent illness in which I grew up made me its equal.

I scream.

How can this depiction give an idea of my every day existence? I'm not risking myself in it, just as I'm not writing to give a feeling of my uniqueness. What need would I have to affirm that I'm unique when, clenching my fists like a man, I express no link with life? I am he whom an incomplete birth abandons without either a being or a body that others can define. Over and over. I am he who grows drunk without drinking, grows better without remedy, offers himself for no reason, loves and suffers forever.

I scream out this word, that the only way I have of belonging to myself is to depict for myself a love made entirely of desolation, a love exclusively turned towards the illness.

I also want to say that every life seems to me more deserving of love than mine but that I desire no other, not even that from which I am barred. It comes in that concrete absence that mutilates a little more beauty in me every day: the more I recede from light, the deeper I sink into it.

And this word: whether what is there is light or shade, according to the hour of the body, born to the heart of cruelty.

In short, I find no more light in what I write than in my life. And yet no other place is possible, only that which lies between two failures where there is some renewal of earthly innocence.

Enfant qu'une caresse suffisait à briser j'ai grandi sous un casque, sanglé à un matelas. Malgré ces précautions, pas un os qui ne se soit rompu, pas un tendon, un ligament sans couture ou plastie.

De quelle nature est la chair ? La fièvre, la foudre, le feuillage ne sont signe de rien. Passe l'abîme, passent le rire et le naufrage, le vent lève sa foule, l'orage est sonore comme la peau. De quelle nature la paix ? Contrairement à ceux qui ne sont pas nés malades, je ne vois pas la mort comme une étoile dans les arbres. Je vois un corps qui enferme dans sa main la plus laide des douleurs. Et qui appelle. Comme cette vie est sérieuse. J'entends des craquements, mais je ne me trouble pas de pouvoir toucher mes os. Je chute à l'intérieur d'un grand entonnoir.

Child whom a caress could break, I grew up wearing a helmet and swaddled in a mattress. Despite these precautions, not a bone wasn't broken, not a tendon or ligament without stitches or plastic surgery.

What is the nature of flesh? Fever, lightning, foliage are symbols of nothing. Having passed by the abyss, having passed laughter and shipwreck, the wind arouses its crowd, the storm is as loud as skin. What is the nature of peace? Unlike those who are not born ill, I don't see death as a star in the trees. I see a body enclosing in its hand the ugliest pain there is. A body that calls. How serious this life is! I hear the sound of splintering but I don't bother to touch my bones. I fall into a great funnel.

Lentement le silence se fait. Je supporte l'idée de vivre en ramenant chacune de mes actions à celle d'un répit non dans la peine, car la douleur ne me quitte jamais, mais dans la raideur qui fige mon corps dans sa glaise. C'est un second hiver qui fait socle à ce corps gisant dans une extrême détresse. Il serre contre lui sa peau couverte de boue et de sang. Après avoir été jeté sur les pierres il se défend de geindre. La douleur a posé sur lui son manteau.

Que dis-tu ? ailleurs serait un visage tendu sur la douleur ; comment penser cette figure ? Le plus doux des songes s'appelle l'espérance, mais j'ai la froide ambition d'un bonheur plus profond.

J'ai prié Dieu à quinze ans, j'allais frapper la nuit aux murs des églises. Une ombre s'y manifestait, elle sortait de la pierre pour manger mon coeur. Peu à peu, ce qu'elle m'enlevait, elle l'ôtait aussi à la douleur qui devenait furieuse. Je n'ai pu me partager entre plusieurs amours. Maîtresse dans son arche la douleur en croix de fer me réclame à ses pieds.

Dans la clarté sans être aveuglé, je m'arrête. Je ne sais rien de l'endroit où je suis mais je sais que j'y donne ma vie. Je vois à travers mon corps transparent mon être en fragments plus saisi qu'en lui-même. Porté vers un sommet de conscience où mes souvenirs les plus intimes, chacun une douleur, se trouvent mêlés à d'autres qui me sont étrangers, je deviens le réceptacle de souffrances infinies, autant de souffrances que de figures humaines. Je les chéris toutes dans leur opacité, je les aime pour notre déchéance commune. Je suis avec mes frères matière de douleur. Que peut la mort contre cette solitude, sinon la rendre plus silencieuse, absolument, immensément, intimement l'égale de l'homme ? Comme il m'arrive de croire que je marche sur le sable et que de ce miracle dépend mon salut, j'entends certains soirs murmurer mon prénom : - fidèle, fidèle… Mais la plupart du temps, trop faible pour vagabonder, je me tiens allongé.

La douleur est un morceau du soleil. Je dis ces mots de l'intérieur de mon corps où la douleur décide l'oeuvre à venir. Ma parole n'exprime pas mon mal, elle est mon corps malade. Je ne peux la changer car elle tire vérité de sa limitation. C'est exilé dans la douleur que je trouve l'oubli, une façon infiniment lente de mourir. J'accède enfin au temps immobile d'une souffrance exprimable.

Existe-t-il un corps meurtri qui soit indigne d'être ?

*   *   *

Slowly everything goes quiet. I support the idea of living by bringing each of my actions back to that of a respite, not from pain, for pain never leaves me, but from the stiffness that binds my body in its clay. It's a second winter that forms the pedestal for this body lying in extreme distress. It hugs to itself its skin covered with mud and blood. After having been thrown onto the stones it refuses to moan. Pain has spread a mantle over it.

What do you say? Elsewhere there would be a face hanging over pain; how can one imagine such a face? The most gentle of dreams is called hope, but I have the cold ambition of a deeper happiness.

I prayed to God when I was fifteen. At night I would go and knock on church walls. A shadow would appear, coming out of the stone to eat my heart. Little by little, what it took from me it also took from the pain, which became furious. I could not divide myself between several loves. Like a mistress in her arch, pain bound to its iron cross reclaimed me at her feet.

In the brightness without being blinded, I stop. I know nothing of the place where I am but I know that I'm giving my life there. I see through my transparent body my being in fragments more constrained than in itself. Carried toward the summit of conscience where my most intimate memories, each one of them painful, are mingled with others that are foreign to me, I become the receptacle of endless suffering, as much suffering as there are human faces. I cherish all of them in their opacity, loving them for our common decline. I am with my brothers the substance of pain. What can death do against this solitude, apart from making it more silent, absolutely, immensely, intimately the equal of humankind? As I sometimes believe I am walking on sand and that my salvation depends on this miracle, on certain evenings I hear my first name murmured: faithful, faithful … But most often, too weak to wander, I lie flat out.

Pain is a fragment of the sun. I say these words from within my body where pain is deciding what to do next. My words do not express my illness; rather, they are my sick body. I cannot change them, for they draw their truth from their limitations. It is because I am exiled in pain that I can find oblivion, an infinitely slow form of dying. At last I yield to the immobile time of an expressible suffering.

Is there a bruised body that is unworthy of existing?

*   *   *

Ils entourent le mort étendu sur la passerelle. Ils allument une bougie, la posent par terre, puis lisent à tour de rôle « La Grande Pâque » de Jacques Besse : – « Je me demande de quel poids d'Amour, de quel impôt d'Amour qui ne soit pas l'impôt du sang / nous devrons payer la nécessité de tous nos actes prosaïques / en face du Ciel qui nous convie / nous, le plus absurde des peuples, à la plus poétique des alliances ! »

Ce sont des funérailles de pauvres qui dispersent dans la nuit blanche et noire des paroles comme des ombres.

Ils se taisent, ils sont frappés par le silence qui vient d'eux et se propage autour du mort sur la ville. Ils se font le baiser du clochard, un baiser sans langue de vipère. Puis ils soulèvent le mort et le font doucement basculer par-dessus la rambarde.

Frère, es-tu moins seul, qui habites avec moi le néant de l'écriture ?

*   *   *

They surround the dead man stretched out on the gangway. They light a candle, set it on the ground, then read one by one Jacque Besse's Great Fate: "I wonder what weight of Love, what Love tax that is not the tax on blood, / we will have to pay for the necessity of all our prosaic acts / in the face of Heaven which invites us, / us the most absurd of races, the most poetic of alliances!"

These are the funerals of the poor that scatter words like shadows into the black and white night.

They fall silent, struck by the silence that comes from them and spreads around the dead man and over the city. They give each other the tramp's kiss, a kiss without a viper's tongue. Then they lift the dead man and rock him gently over the guard rail.

Brother, are you any less lonely, for inhabiting with me the void of writing?

*   *   *

Toi qui souffres, pourquoi distinguer ta douleur de la mienne ? Tiens bon, frère, soeur, tiens-toi ferme. Regarde ! Aussi vrai que j'écris de mon corps lequel est appelé livre, et que tu peux m'y voir heureux, aussi vrai je me tiens debout à ton côté et toi au mien. Ainsi nous apparaissons singuliers l'un pour l'autre et notre misère n'est plus du livre, ni du corps, mais faite de notre ressemblance. Elle est la nature profonde de la fraternité.

La solitude absolue s'affirmerait insensible à la douleur.

Mourir ne suffit pas. Ma souffrance davantage que ma nature périssable me donne la certitude de n'être pas vain. Plus je vais, plus je laisse le monde pour ce qu'il est, matière de partage, plus je découvre un corps qui me revient en propre. J'apprendrai que cette vie s'achève quand ma douleur sera devenue tout mon être, lui volant jusqu'au mystère de sa naissance. Alors je connaîtrai la délivrance de partir dans l'erreur.

J'entends le centre égaré de la fournaise courir dans un souffle. La douleur propage un bruit d'incendie, elle est le verbe qui dévaste ma sécheresse intérieure. La douleur, comme seule réponse à l'injonction de mourir. Comment pourrait-elle finir ?

Je pousse mon fauteuil roulant sur la terrasse vers un arbre en contre-jour. La douleur plus intense retient son abondante lumière pour que je contemple l'espace ouvert. Unie à la profondeur bleutée du silence, l'ombre est une vérité à la portée du regard.

Un spasme.

Le pot sous mes fesses s'est renversé entre mes cuisses.

Je saigne.

Ma parole fait émerger mon amour. Je suis l'origine et le fruit de ma souffrance, je lui tends la mort qui est notre oeuvre commune. Ce soir, ma nuit intellectuelle, celle qui reflue vers l'anéantissement du corps, me semble moins présente. Presque désirable, la douleur allonge un bras. L'aversion qu'elle inspire disparaît ; l'échéance si proche. L'épreuve dresse le mal à devenir sa proie. Ma douleur me choisit pour la mort que je lui offre. Je l'aime pour son impossible accomplissement.

Et toi, que fais-tu à cette heure ?

You who suffer, why distinguish between your pain and mine? Hold hard, brother, hold hard, sister, don't give up. Look! As truly as I write about my body which is called the book, as truly as you can see me happy here, just as truly do I stand at your side and you at mine. So we appear singular for each other and our suffering is no longer that of the book or the body but made out of our similarity. It is the profound nature of brotherhood.

Absolute solitude would show itself insensitive to pain.

Dying is not enough. My suffering more than my perishable nature gives me the certainty of not existing in vain. The further I go, the more I leave the world for what it is, a substance that can be shared, the more I discover a body which comes back to me as mine. I will learn that this life comes to an end when my pain has become my entire being, stealing from it even the mystery of its birth. Then I will know the deliverance of leaving in error.

I can hear the center, gone astray from the furnace, running in a breath. Pain propagates the noise of a fire, it is the verb that ravages my internal drought. Pain, as the sole response to the injunction to die. How could it end?

I push my wheelchair along the terrace towards a tree that stands against the light. A more intense pain withholds its abundant light so that I can contemplate the space opened up. United with the bluish depth of the silence, the shadow is a truth my gaze can reach.

A spasm.

The pot beneath my buttocks has overturned between my thighs.

I bleed.

My words bring out my love. I am the origin and the fruit of my suffering, I hold out to it death, on which we have worked together. This evening, my intellectual night, the one that flows back towards the annihilation of my body, seems less present to me. Almost desirable, pain stretches out an arm. The aversion it inspires disappears: the time is now so close. The test trains illness to become its prey. My pain chooses me for the death I offer it. I love it for its impossible accomplishment.

And you, what are you doing at this moment?

Tu connais ce passage qui plonge tes yeux dans l'obscurité. L'infini du ciel nocturne entre lentement dans ton regard. Alors tu tombes entre les étoiles, tu découvres un astre d'une noirceur inconnue sur terre. Son noyau de glace est couvert de flammes, il voyage si vite que la nuit brûle sur lui.

Grain de poussière dans un rayon de soleil la mort est tout pour moi.

La douleur accomplit sa mue, elle termine par le verbe.

Séparé de mes dernières paroles un rien demeure, glisse ma main sur sa racine terrestre, adieu.

Lacanau-Océan, juillet

You know that passage that plunges your eyes into obscurity. The infinity of the night sky enters slowly into your gaze. Then you fall between the stars, you discover a planet of a blackness unknown on earth. Its nucleus of ice is covered with flames. It travels so quickly that night burns on it.

A grain of dust in a ray of sun, death is everything for me.

Pain accomplishes its mutation and ends with the word.

Separated from my last words, a trifle remains, my hand slips from its terrestrial root. Farewell.

Lacanau-Océan, July.

THE BODY REMAINS
Demeure le corps

Song of Execration
chant d'exécration

Et jette dans mes yeux pleins de confusion
Des vêtements souillés, des blessures ouvertes,
Et l'appareil sanglant de la Destruction !

And he hurls in my eyes that are full of confusion
Filth-stained apparel and wide-open wounds,
All of Destruction's foul bloodstained tool kit!

Charles Baudelaire, *Les Fleurs du mal*

Va te faire foutre

j'arrive au terme de cette histoire écrite sans souvenir ; malade, je me présente nu, sans effort, ni stratégie, avec l'ambition d'une honnêteté absolue ; je suis fils de te haïr

rien ne distingue l'œuvre de l'agonie ; une seule et longue phrase regarde le soleil

le combat ne peut être gagné, j'écris alors que je désespère, sachant que la défaite laissera sous elle quelques lettres intactes de laine et de cheveux

le révolu désire encore, mais la mémoire est incapable d'offrir cette chaleur au présent

je ne me relèverai plus, la durée pourrit contre un mur

trier des os, identifier des cadavres ; n'abandonner personne derrière soi, dans le récit ; une voix s'élève, puis s'interrompt, sans mélodie, ni vraie ligne rythmique, en suivant l'arête des dents

voici septembre, j'espère encore le temps d'un livre ; les crises agrippent le ciel

lorsque j'ouvre les yeux, je me crois natif de la lumière, lorsque je les ferme, j'ai peur de mourir ; une extrémité du regard cherche les anges, tandis que l'autre se perd dans les intestins

il existe entre la nécessité d'étreindre, et celle d'être libre, une profonde blessure qui ne peut être guérie, où l'espérance s'épuise à chercher un passage ; le chemin de la plus grande souffrance est devenu impraticable ; la violence, une réponse possible ; je suis pris d'un désir incontrôlable de pleurer

les battements s'accélèrent, les cornées bleuissent , un rayon pénètre le cerveau

c'est le sentiment d'être dévoré par l'extérieur, mais aussi celui de pouvoir écrire

j'écoute gémir du rose ; une plaque de fer vibre sur les heures ; le vent déplace les restes d'un repas au bord de la fenêtre ; la salive fait fondre les gencives

Get fucked

I come to the end of this story written without memory; ailing, I present myself naked, making no effort, deploying no strategy, with the ambition of achieving absolute honesty; I am the son who hates you

nothing distinguishes my work from my dying; a single, long sentence gazing at the sun

the struggle can't be won, I write as I despair, knowing that defeat will leave beneath it a handful of untouched letters of wool and hair

the past still desires, but memory is incapable of offering the present that warmth

I will not rise again, duration rots against a wall

sorting bones, identifying corpses; leaving no one behind, abandoned, in telling the tale; a voice rises, then breaks off, with neither melody nor any real rhythmic line, as it follows the arc of teeth

September's here, I hope to have enough time left for a book: the crises clutch the sky

when I open my eyes, I believe I'm a native of light, when I close them, I'm afraid of dying; one extremity of my gaze searches for angels, while the other is lost in my intestines

between the need for embraces and the need for liberty, there is a deep wound which cannot be healed, where hope wearies of seeking out a passage; the path of the greatest suffering has become impassable; violence, a possible response; I'm seized by an uncontrollable longing to cry

the heart beat increases, the corneas turn blue, a ray of light enters the brain

it's the feeling of being devoured by the outer world, but also that of being able to write

I listen to the groaning of rosy matter; an iron plaque vibrating on the hours; the wind moving the remains of a meal on the window ledge; saliva melts my gums

je ferme les yeux ; l'air étale des plastiques ; le visage couvert de mouches démange, je gratte un morceau de charbon

un animal se développe sous l'effet des narcoses ; des poils infectent mes cicatrices, je vois que ce ne sont pas les points de suture ; mais je ne parviens pas à me convaincre tout à fait de la réalité de cette transformation

je ne vais pas travailler aujourd'hui, puisque la saleté se met sous les ongles ; quelqu'un entre, alors que je songe, les jambes écartées, trop engourdi pour lâcher mon sexe ou tirer le duvet

je n'invente pas, la parole est besoin d'amour

le monde s'enfonce dans le sang comme un œuf d'obsidienne

alors que je souffre, allongé sur le flanc, serrant contre moi un grand livre d'images, alors que je pense à toi, je plonge dans ma haine

la douleur n'apprend rien, rien, le refuge qu'elle offrait vient de s'effondrer ; lorsque les cris cessent et que la bouche dévastée, puante d'entrailles, se vide à longs traits, j'entends hurler la voix que j'appelle mon âme ; telle est mon âme, un déchet organique qui cherche à me fuir, la voici ; contre ce que je pense, contre qui je suis, ces aveux disent la rupture, traînent l'esprit comme une dépouille dans le désintérêt de l'autre, jusque dans l'oubli de la solitude même

je ne parviens plus à dire ce que j'entends ; je ne trouve rien dont je me sente solidaire

savoir que je me tue en chacun de mes mots parce que je n'ai d'autre moyen pour témoigner de ma bonne foi que de laisser ce corps en gage ; je ne fais aucune différence entre lui et ce que je souhaiterais écrire

est-ce suffisant

il n'est peut-être pas trop tard, même s'il y a quelque chose de ridicule, d'enfantin, à vouloir différer l'instant ; ce qui fut perdu à la naissance, revient ; sous la paupière, le regard est comme la chair, opacité vivante ; le déni, la colère, la détresse s'épuisent, avant que ne débute le tourment

alors quoi, quelle suite à la garce putain, comment ne pas mourir

I close my eyes; the air spreads plastic; my fly-covered face itches, I scratch a piece of coal

an animal unfurls through the effect of the narcotics: animal hair infects my scars, I see that these are not suture points; but I fail to convince myself of the reality of this transformation

I'm not going to work today, because dirt gets under the finger nails: someone comes in, while I'm day-dreaming, legs spread, too dazed to let go of my sex or draw up the quilt

I'm not making this up, words represent a longing for love

the world sinks into blood like an obsidian egg

while I'm suffering, stretched out on my side, clutching a big picture book tightly against myself, while I'm thinking of you, I dive into my hatred

pain teaches you nothing, nothing, the refuge pain offered has just collapsed; when the screaming stops and the devastated mouth, stinking of entrails, empties itself in copious jets, I can hear the voice I call my soul howling; such is my soul, organic waste that's trying to escape from me, and here it is: against what I think, against what I am, these confessions speak of rupture, drag the spirit like a husk into the other's lack of interest, drag it right into the oblivion of solitude itself

I can no longer say what I mean; I can no longer feel in harmony with anything

to know that I'm killing myself in each of my words because I have no other way of proving my good faith other than leaving this body as a hostage; I make no difference between it and what I would like to write

is it enough

perhaps it's not too late, even if there is something ridiculous, puerile, in wanting to delay for an instant: what was lost at birth returns; under the eyelid, the gaze is like flesh, a living opacity; denial, anger, distress wear themselves out, before the torment begins

then what, what follows that bitch whore, how can I not die

j'écris autant contre ce qui m'anéantit, que pour faire taire la voix qui résiste à cet anéantissement

je te donne cette lettre alors qu'on me prend tout ; la nuit malsaine a crevé sa voûte, à quoi bon ; qu'ai-je tiré de moi ; rien, l'accompli fut offert ; ce qui m'a manqué, un autre l'a vécu, ce que j'ai tu, un autre l'a dit ; bientôt, tu seras seul à porter ce qui m'encombre

les livres qui comptent, ceux que personne ne peut écrire ; la vie, celle dont personne ne veut ; mes draps témoignent de ce qui fut gagné sur le mensonge ; à l'approche du seul bien qui me reviendra en propre, mes poumons s'emplissent et se vident en silence

l'ancienne raison d'être vivait là, près de l'eau, innocente du poème et de la compassion ; peu de visions se détachent encore, alors que monte et descend le soleil condamné

je nomme chacun des morceaux que je perds, jusqu'à ce que soit réduite à rien la distance du corps au langage

les viscères et la viande, l'homme et l'œuvre cuisent dans le même jus

l'ascèse exige de ne pas choisir parmi les rares concessions du cœur qui favorisent une mort heureuse ; tout est bon, tout est bien

de croire que ma maladie porte sa convalescence

la convalescence, reflux de celui qui tient devant lui l'image de sa mort sous forme de renoncement, et la réalité de sa vie sous forme de désir ; ma douleur est-elle encore capable d'un tel miracle ; elle, flux et départ de celui qui serre sur sa poitrine l'image de sa vie sous forme d'abandon, et la réalité de sa mort sous forme de nécessité

mais voilà ; j'aimerais encore te parler un peu de l'obsidienne ; du sang qui fait briller le bord tranchant des choses

des noyaux sur la nappe

pour que la position redressée fasse moins mal, je suis attaché à un rail et, bien qu'immobile, je peux me mouvoir, même si je dois cette liberté à une machine

I am writing as much against what annihilates me as for the suppression of the voice that resists that annihilation

I give you this letter at a point when everything is taken from me; the baleful night has burst its vault, but to what end; what have I drawn from myself; nothing, what was accomplished was offered; what I missed, another has experienced, what I refused to say, another has spoken; soon, you will be the sole bearer of what encumbers me

the books that count are those no one can write; life, the thing no one wants; my sheets bear witness to what was won over lies; at the approach of the sole good that will come to me alone, in silence my lungs draw breath and let it out

the old reason for being used to live there, near the water, the innocent of poems and compassion; few visions still break free from it, while the condemned sun continues to rise and set

I name each of the parts I lose, until the distance between body and language has been reduced to nothing

viscera and meat, man and work stew in the same juice

self-denial demands that no choice be made among the rare concessions of the heart that favors a happy end; all is good, all is well

to believe that my illness contains its own convalescence

convalescence, the ebbing away of those who hold before them the image of their death in the form of renunciation, and the reality of their life in the form of desire; is my pain still capable of such a miracle; pain, the influx and departure of those who clutch to their breast the image of their life in the form of abandon and the reality of their death in the form of imperatives

but there; I would still like to talk to you a little about obsidian, of blood that makes the cutting edge of things glitter

kernels on the cloth

to stop the upright position hurting so much, I'm attached to a rail, and although I'm immobile, I can move myself even if I owe this freedom to a machine

une courroie racle le corps à intervalles réguliers contre les escarres ; quelqu'un semble se soucier de moi, malgré les chocs qui fissurent, à la longue, le soulagement que me procure cette attention

les néons tressautent ; cette clarté chaotique, mi-tangible, mi-rêvée, définit ensemble la solitude et le désir ; les pouces sont terriblement écartés des index, les doigts recourbés en arrière, comme ceux des anciennes courtisanes de Gion

je voudrais réentendre la berceuse d'autrefois, la prière oubliée qui promettait la nuit

chacun éprouve l'évidence de sa mort dans le langage

je renie *Mouvement par la fin* ; la vie s'est asséchée sous les coups de sorte que la voix, devenue aiguille, me ponctionne en vain ; je n'ai rien à offrir

souffrir, c'est se rompre, moins l'énigme de disparaître

comme l'enfant courageux oublie vite son cauchemar sous les caresses, il t'est possible de mentir, de prétendre que la torture n'altère pas la gentillesse, mais une évidence te soumet ; tu maudis ce qui pourrait te sauver, cette suture en devenir

que préfères-tu à la vie

tes serres assurent l'appui de tes ailes

un chien se presse contre ma jambe, lèche mon sexe jaune et gonflé ; l'écriture mesure la résistance des chairs

la pièce s'emplit de nausée, les meubles sont écrasés par la chaleur, une intense clarté suinte, j'ai soudain très peur ; mon cœur est mort, bel et bien incapable de battre de lui-même, et pourtant rien ne cesse, il faut vivre, vivre encore, alors que les yeux craquent comme du verre

comment suis-je entré ici ; puis-je y bouger plus librement les hanches ; non, rien ne se passe, demain reste enfermé dans les crampes et aujourd'hui n'existe pas

*

a strap scrapes the body at regular intervals, running over the bedsores; someone seems to be concerned about me, despite the shocks that eventually fissure the relief that attention brings me

the neon lights leap; this chaotic brightness, half-tangible, half-dreamed, defines both solitude and desire; the thumbs are horribly stretched away from the index finger, the fingers curved backwards, like those of the ancient courtesans of Gion

I would like to hear once more the lullaby of years gone by, the forgotten prayer that promised the coming of night

everyone experiences the truth of their death in language

I reject *Movement through the End;* life has dried out under the blows, so that the voice, turned into a needle, punctures me to no purpose; I have nothing to offer

suffering means breaking apart, except for the enigma of disappearing

as the brave child quickly forgets the nightmare under caresses, you are able to lie, to claim that torture makes no change to gentleness, but you are forced to bow to the evidence: you curse what could save you, that suture still in the making

what do you prefer to life

your talons secure the support of your wings

a dog pushes against my leg, licks my yellow, swollen sex; writing is measured by the flesh's resistance

the room fills with nausea, furniture is crushed beneath the heat, an intense brilliance sweats, and suddenly I am very afraid; my heart is dead, truly unable to beat, and yet nothing stops, I have to live, to live once more, while my eyes crack like glass

how have I come here; can I move my thighs more freely here; no, nothing happens, tomorrow remains locked in cramps and today does not exist

*

une première page du livre montre un amoncellement de membres, une tête décomposée

*

le mal radical est l'épreuve du pardon

deux plaques d'acier coulissent, le jour et la nuit se croisent ; ce mouvement en ciseau soulève les nuages au-dessus de la mer et disperse en tous sens des éclats de métal ; les plus incandescents seront visibles sous peu, au coucher du soleil

la morphine chasse au bord de ce tombant, sa robe trempée d'urine

l'agonie se propage au réel

j'ai faim ; un calme absolu se saisit de la terre

puis la drogue enfourche les bronches

alors qu'on me prépare pour les soins intensifs, je cherche un regard où me cacher, avant d'être suspendu au respirateur

très vite la plèvre se met à saigner

je ne m'explique pas le gaspillage de cette peau humaine

l'amplitude des gestes s'amenuise, les soubresauts se fixent sur la langue

une radiographie montrerait deux squelettes emboîtés, le plus petit, roulé en boule, servant de crâne au plus grand ; je me glisse vers le haut ; la blessure me perd, elle se purge dans les cris ; je méprise ce destin hystérique en proie aux convulsions

il est temps de s'unir aux décombres de l'univers

la pointe effleure à peine, mémorise le tracé des incisions ; le chien jappe, tourne sur lui-même, poursuivant la mire ; mais ses pattes dérapent, la fatigue survient

une décharge électrique désintègre l'estomac

la salle se referme comme un bec ; un froid atroce fait grincer les odeurs ; le traitement débute quand un projecteur, morsure d'argent, me couvre d'entailles et d'étincelles

a first page of the book shows a pile of limbs, a decomposed head

*

radical evil puts forgiveness to the test

two steel sheets slide, day and night cross each other; this scissor-movement whips up clouds above the sea and sends slivers of metal in all directions; the most incandescent will soon become visible, at sunset

morphine hunts on the lip of the setting sun, her dress steeped in urine

the death throes spread into reality

I'm hungry; absolute calm seizes hold of earth

then the drug leaps aboard the bronchial tubes

while they're preparing me for intensive care, I seek out a pair of eyes in which I can lose myself, before being hooked up to the respirator

in an instant the pleura begin to bleed

I can't understand this waste of human flesh

the amplitude of the gestures diminishes, the somersaults settle onto the tongue

an X-ray would show two skeletons, one inside the other, with the smaller curled up and forming the larger one's skull; I slide upward; the wound loses me, purging itself in screams; I despise this hysterical destiny, prey to convulsions

the time has come to unite with the debris of the universe

the tip scarcely touches, memorizing the imprint of the incisions; the dog yaps, spins around on itself, pursuing the target; but its paws skid, bringing fatigue

an electric discharge shatters the stomach

the room snaps shut like a beak; an atrocious chill makes the smells grimace; the treatment begins when a projector, with a silver bite, covers me with cuts and sparks

69

un scalpel descend ; seize mains blanches s'acharnent à détacher ma cuisse gauche de ma hanche ; le réel déboîté tape contre les bords ; planches clouées, un citron pour lumière ;

il suffit désormais que je me tienne là, cordes vocales tranchées, avec les épluchures, pour prétendre encore embrasser quelque chose et blesser l'éternel

je délaisse le sommeil pour la boue, une vie rudimentaire, proche du gémissement

la flamme spirituelle, sur le point de s'éteindre, reprend comme elle peut dans cet inconfort ; puis la douleur ouvre large la blessure et je me dis que rien n'égale cet intervalle de simple vérité

il m'arrive d'admettre, malgré la frustration, l'évidence du jour sous la peau morte des violences subies ; ou plutôt devrais-je dire que cette lueur ravive ma haine ; toute la difficulté est de ne pas questionner les cieux ; une seule occupation est possible après l'orage, trier les déchets qui flottent un peu partout et ménager au centre un espace pour les pleurs

j'essaie d'orienter l'effet des antalgiques ; pourquoi faudrait-il s'affliger de ce qui est déjà si durement vécu ; je longe l'humide prairie de la musique de Keiji Haino

un homme est assis dehors sur une chaise basse, bras ballants, une veine rompue vers la tempe ; il regarde autour de lui alors qu'il voudrait hurler et se mettre à courir

je te souhaite d'endurer maintenant, et d'un bloc, les effondrements successifs de tes défaites futures

la douleur est trop forte, la rage s'allume ; l'ombre barbouille des injures ; cette dolographie sera maintenue, vaille que vaille

une plainte s'élève ; je vois une mécanique aussi complexe que la nature ; partout éclate l'incompréhensible ; je progresse difficilement, démêlant des câbles de couleur ; je suis soudain saisi aux cheveux, une spirale m'emporte ; je ne sais quelles autres parties du monde se trouvent ici, je reconnais l'éclat d'une ancienne cuirasse et l'oiseau d'une légion déchiré sur les rochers

la fonction de cet appareil est de produire des ordures ; rien n'a pour lui ni valeur, ni secret ; c'est une masse dure, compacte, articulée, dont chaque

a scalpel descends; sixteen white hands persist in wrenching my left thigh from my hip; dislocated reality beats against the edges; nailed planks, a lemon for light

all I have to do now is hang in there, my vocal cords cut, with the peelings, so I can still claim the right to caress something and lacerate what is eternal

I abandon sleep for mud, a rudimentary life, close to groaning

the spiritual flame, on the point of dying, starts up again as best it can in this discomfort; then pain opens wide the wound and I tell myself that nothing can equal this interval of simple truth

sometimes I accept, despite the frustration, the evidence of light beneath skin that has died from the violence it has undergone; or rather I should say that this light renews my hatred; the entire difficulty resides in not questioning the heavens; a single occupation is possible once the storm has passed, and that is to select the most viable of the debris floating more or less everywhere and create in the center a space for tears

I try to direct that effect of the analgesics; why do you have to suffer what has already been lived through with such difficulty; I walk beside the moist prairie of Keiji Haino's music

a man is sitting outside on a low chair, arms hanging down, a broken vein in his forehead; he looks around him when he would rather howl and begin running

I wish you the power of enduring now, and all together, the successive disintegration of your future defeats

the pain is too intense, fury erupts; the shadow muddies the curses; this writing of pain will be maintained, for what it's worth

a moan rises up; I see a mechanism as complex as nature; everywhere the incomprehensible explodes; I progress with difficulty, untangling colored cables: suddenly I'm seized by the hair, a spiral carries me away; I don't know what other parts of the world can be found here, I recognize a splinter of old armor and the bird of a legion torn asunder on the rocks

the function of this apparatus is to produce ordure; for it, nothing has any value, from it, there are no secrets; it is a hard, compact, articulated mass, in

pièce en mouvement détruit les pièces qui l'entourent, et se détruit en les frappant

celle qui vient de casser est la littérature

la coque extérieure, absolument hermétique, se tient hors d'atteinte des hommes qui rêvent, en son sein, d'un futur scellé par la mort ; la douleur n'est qu'un résidu retenu dans ses grilles, une tache grise, le cartilage et l'ivoire d'un corps révélé par son impact

une mue de l'acier suggère l'horizon

un cavalier hante ce labyrinthe, il est empli de colère et chargé d'armes, mais il épargne ceux qu'il rencontre lorsqu'il lit dans leurs yeux l'amertume d'avoir perdu le ciel ; une après-midi que je me tenais immobile, implorant la maladie de me laisser partir, il s'est approché sans bruit ; les perles à son poignet frissonnaient comme des âmes ; il m'a touché l'épaule et l'espace d'une seconde je me suis cru exaucé ; je l'ai été, en un sens ; je me trouvais debout face à mon chagrin, lui aussi défaillant, aussi fragile que moi ; une tendresse inconnue s'est alors déployée, par-dessus la séparation qui sanctionne les êtres, entre ceux qui éprouvent leur mortalité comme un lien

la machine m'est alors apparue comme la parole de quelqu'un

mais je n'ai pu me défaire d'un sentiment de menace ; la lune, alors si proche, était devenue insignifiante ; je tenais le bras d'un homme, sans plus ; n'attendant, n'espérant rien, j'éveillai ainsi l'écho de ma terreur

« Lors de l'humiliation que connut notre patrie, Johannes Palm, libraire de Nuremberg, nationaliste convaincu et ennemi des Français, mourut pour cette Allemagne qu'il aimait passionnément, alors plongée dans le malheur. » Adolf Hitler, « *Mein Kampf* », page 1

l'allemand, ma langue maternelle

Palm, le nom de ma mère

nous ne serons jamais pardonnés

s'il est encore possible d'avancer, c'est en suivant le chemin le plus court, le plus familier de ces yeux qui veillent du côté de la plus sale lumière, et me regardent mourir ; le pire demeure promis

which each moving part destroys the surrounding parts, obliterating itself as it strikes them

the part that has just shattered is literature

the external shell, absolutely hermetic, is beyond the reach of those who dream, on its breast, of a future sealed by death; pain is merely a residue retained in its bars, a gray stain, the cartilage and ivory of a body that the impact reveals

a transformation of the steel suggests the horizon

a rider haunts this labyrinth, a rider filled with anger and weighed down with arms, but he spares those whom he meets when he reads in their eyes the bitterness of having lost heaven; one afternoon when I was remaining motionless, imploring my illness to let me go, he approached without making a sound; the pearls on his wrist shivered like souls; he touched me on the shoulder and for the space of a second I thought my prayers had been answered; in a sense they were; I found myself standing face to face with my grief, and my grief was as weak as I, as fragile as I; then an unknown tenderness unfurled over the separation that sanctions beings, among those who experience their mortality as a bond

it was then that I perceived the machine as someone's speech

but I was unable to free myself from a sensation of threat; the moon, so close, had become insignificant; I held a man by the arm, no more; waiting and hoping for nothing, I thus awoke the echo of my terror

"At the time of the humiliation our country suffered, Johannes Palm, bookshop owner of Nuremberg, a convicted nationalist and enemy of the French, died for that Germany that he loved passionately, which at that time was plunged in misfortune." Adolf Hitler, *Mein Kampf,* p. 1.

German, my mother tongue

Palm, my mother's name

we will never be forgiven

if it's still possible to move forward, it's by following the shortest route, the most familiar, of those eyes that watch beside the dirtiest light and contemplate me as I die; the worst is still promised

au fils, l'héritage de la résignation ; il y a longtemps qu'il a dompté le sauvage ; sa mort est le seul germe d'un paysage de corne

l'enfant malade regarde dehors, il attend sa mère encore à l'église, ses frères et sœurs partis à l'école ; que cette journée, comme toute sa vie, reflue vers la maison et s'abatte sur lui

je te hais de préférer ma souffrance à la tienne ; je suis né en me fracturant le crâne, et le coeur à l'arrêt ; j'ai perdu très jeune les êtres que j'aimais

il me reste une mère

bien que la drogue ait tout transformé, je crois me souvenir du muguet séché sur le gravier ; juin finissait, j'étais coulé dans le plâtre ; trois tanches suffoquaient dans la fontaine aux roseaux ; les laurelles collantes attiraient les moucherons ; quelqu'un a claqué les persiennes ; j'ai hurlé ; un point bleu a gelé au bord de l'été ; parler de surprise sonnerait faux pour dire la stupeur de ce jour ; je n'étais pas triste, mais assommé par la chaleur ; mes os s'effilochaient pour me griffer ; je me rappelle encore m'être demandé si la douleur provenait de ces rais d'ombre et de lumière qui passaient sur moi

ma mère portait une blouse blanche lorsque elle me prenait dans ses bras

aujourd'hui, tous les fils ont été dénoués ; je dévale en permanence la même balustrade ; le texte se découpe sur un fond fluorescent, avec des restes de branches, et du carton

ma mère s'est assise entre les deux fenêtres, elle me tend une tasse de thé au jasmin ; j'embrasse ses mains et l'odeur de la pluie

j'imagine un sentier à peine marqué par le passage des animaux, qui serait aussi le chemin des amoureux, de tous les êtres livrés au vertige d'être en vie ; surviendrait alors un souffle, à peine perceptible sur les herbes hautes, la promesse tenue d'une liberté sans violence

mais je n'ai pas même le temps d'une gorgée ; l'aigreur franchit les côtes et se met à couler

le corps est l'orifice naturel du malheur

to the son, the heritage of resignation; he long ago conquered the savage; his death is the only seed of a landscape made of horn

the sick child looks outside, waiting for his mother who is still at church, his brothers and sisters have left for school; may this day, like his entire life, flow back towards the house and break over him

I hate you for preferring my suffering to yours; I was born breaking my skull, and my heart had stopped; I lost those whom I loved when I was very young

I still have a mother

although the drug has transformed everything, I think I remember the lily-of-the-valley dried out on the gravel; it was the end of June and I was covered with plaster; three tench were suffocating in the fountain with the reeds; the sticky laurels attracted gnats; someone slammed the shutters; I screamed; a blue spot froze on the edge of summer; to talk of surprise would sound false if I wanted to describe the stupor of that day; I wasn't sad, but overwhelmed with heat; my bones were fraying in order to claw me; I still remember asking myself if the pain came from those rays of shadow and light that were passing over me

my mother was wearing a white blouse when she took me in her arms

today, all the threads have been untied; I am constantly sliding down the same banister; the hospital stands out against a fluorescent backdrop, with shreds of branches, and cardboard

my mother, seated between the two windows, hands me a cup of jasmine tea; I kiss her hands and the smell of rain

I imagine a path barely marked by the passage of animals, a path that would also be a path of lovers, or all the beings devoted to the giddiness of being alive; then a breath of air would come, scarcely perceptible over the high grasses, the promise held of a freedom without violence

but I don't even have the time to take a sip; bitterness bursts through the ribs and begins to flow

the body is the natural orifice of misfortune

je n'espère plus quitter cet hôpital, à moins que le soignant qui me chérit le plus, ne me brise encore le bassin en me frappant du sien ; on ne viole pas deux fois un enfant de verre sans éveiller de soupçons

je choisis la question pour demeure

la joie est condamnée, elle qui ne souffre pas ; l'agonie suit une pente folle ; sa plainte enfouit au fond de toi la note aigue de la naissance ; et le trèfle recouvre l'espace que tu laisses vacant

le corps voudrait se rendre invisible au crépuscule qui l'entraîne ; mais l'heure n'est pas venue ; est-ce le sentiment d'avoir remporté une victoire, ou d'avoir eu de la chance, qui me fait alors sourire et lever une paume vers l'ampoule

nul ne sait si ces grains de poussière sont des particules arrachées à l'enfance ; ni pourquoi de si nombreuses rigoles entraînent nos cheveux à l'égout

dehors, la brume gagne les hauteurs ; derrière elle le soleil, déjà tiède, pend comme un organe de ciment sur les cheminées rayées de l'incinérateur ; ce qui reste à vivre, cette poche rouge, pour apprendre à désirer le cadavre

c'est presque trop beau ; le ciel grogne au loin ; un vent fort se lève, gorgé d'écailles et de perles ; une fenêtre claque, un rire traverse les étages

ma mère s'éveille, m'embrasse, me quitte ; elle croise l'homme qui vient changer les réservoirs de mes drains ; il touche ma jambe alors que s'enclenchent les balises de l'incinérateur

pourvu que la maison brûle, qu'il ne fasse plus jamais jour, ce pays empeste entre ses rives abruptes ; chaque porte est taillée à dimension du désastre

quand je me masturbe, le plus souvent possible, profitant des pauses de la machine, le chien jaune mange les parois

j'ai versé mon urine dans le goutte-à-goutte

je ne tiens pour vrai que ce qui me mutile

l'infirmier qui me baise ne me touche pas, mais de la glace

I no longer hope to leave this hospital, unless the caregiver who cherishes me most breaks my pelvis again by striking me with his own; you can't rape a child of glass a second time without arousing suspicion

I choose to reside in questions

joy is condemned, for joy does not suffer; the death throes follow a mad slope; its cries bury deep within you the sharp note of birth; and the clover covers the place you leave empty

the body seeks to make itself invisible to the dusk that pulls it along; but the time has not come; is it the sense of having carried off a victory, or of having been lucky, that makes me smile then and raise a palm to the bulb

no one can tell if these flecks of dust are particles torn off at childhood; nor why so many channels carry our hair to the sewers

outside, the fog reaches the heights; behind it the sun, already warm, hangs like a cement organ over the scratched chimneys of the incinerator; what still remains to live, that red pocket, to learn to desire the corpse

it's almost too beautiful; the sky grunts in the distance; a strong wind rises, gorged with scales and pearls; a window slams, a laugh runs through the floors

my mother wakes up, kisses me, leaves me; she passes the man who comes to change the reservoirs for my drains; he touches my leg as the incinerator lights up

let the house burn down, let day never dawn again, this country stinks between its steep banks; each door is shaped to the dimensions of disaster

when I masturbate, as often as possible, profiting from the pauses in the machine, the yellow dog eats the walls

I've poured my urine into the intravenous drip

I consider true only what mutilates me

the nurse who fucks me doesn't touch me, touches only ice

allez, mignon petit chéri; who knows, not me ; personne n'aura pitié, amen, je m'en fous

son sexe sent la sève crue ; ceux qui sont handicapés ne peuvent se défendre ; le courage les bénit, alors qu'ils se font saillir

j'aimerais un verre d'eau et rester seul, maintenant ; les eucalyptus changent la nuit en parfum ; je laisse les tremblements s'envoler

le poème doit-il rendre plus belle la formulation de l'amour, plus vraie cette traîne de tripes le long de la glissière

va te faire mettre, sale con

la parole se tasse, en quête d'une souche résistante ; je suis trop faible pour tenir les objets ; la rémission se fige, l'air noircit et commence à puer

*

une autre image montre un tuyau d'eau planté dans une bouche

*

la haine est la prière du pauvre

j'avance à découvert ; je ne reproche pas à ma mère cette vie si difficile ; je réponds au langage ; son appel mêle un effroi et une joie extrêmes, le cri d'un nouveau-né et celui de la femme qui s'en libère

je veux que les mots rendent coup pour coup

les ongles se détachent comme des pétales, la morphine emporte les couleurs ; qui pourrait nommer chacune des millions d'étoiles qui tombent derrière cette vitre noire

j'ai subi ma première trépanation à quatre ans, mes premières séances d'électro-chocs à douze ; comment se défendre de l'amour de celle qui s'est tenue allongée à mes côtés, durant chacun de mes soins, dénudée entre moi et la douleur

la tornade, encore lointaine, rassemble ses puissantes cimes ; il se peut que je me sois mis à haïr la souffrance au contact de ma mère

there, little sweetheart; who knows, not me; no one will take pity, amen, I don't give a damn

his sex smells of raw sap; those who are handicapped can't defend themselves; courage blesses them while they get themselves ridden

I'd like a glass of water and to be left alone, now; the eucalyptus trees change the night into perfume; I let the trembling fly away

should the poem make the formulation of love more beautiful, should it make more true this load of guts being dragged along the slide

get yourself done, you stupid bastard

words pile up, seeking a resistant stump; I'm too weak to hold on to objects; remission congeals, the air grows black and begins to stink

*

another image shows a tube of water stuck in a mouth

*

hatred is the poor man's prayer

I move forward, revealed; I don't reproach my mother for this very difficult life; I reply to language; its call mingles extreme fear with extreme joy, the cry of a newborn and that of the woman who delivers it

I want words to return blow for blow

nails fall off like petals, morphine takes colors away; who could name each of the millions of stars that fall behind this dark glass

I underwent my first trepanation at the age of four, my first sessions of electric shocks at twelve; how to defend myself against the love of her who lies full length by my side, during each of my operations, stripped between me and pain

the tornado, still far off, gathers its powerful summits; it could be that I began to hate suffering through contact with my mother

79

J'ai moins mal ce matin et je me trouve moins laid ; la barbe dissimule la maigreur des joues

je regarde sans voir la trace laissée par un avion, une suite de vertèbres détachées par le vent

le corps a perdu ses muscles et sa graisse ; reste cette effrayante tour calcaire dont chaque fenêtre est éclairée par la douleur ; on m'apporte un morceau de pain

une poignée de comprimés, la carcasse d'un oiseau

les minutes sont des plombs ; j'entends des coquillages rouler sur des tôles ; une nouvelle perfusion fait glacer les veines ; je suis ici, sanglé, incapable de mourir, lié pour éviter que je me tue

chien, chienne, que ce crachat pénètre tes yeux et te fasse crever

le cœur artificiel fonctionne à condition d'un cliquetis qui hache le quotidien ; je n'ai pas connaissance d'un rêve, d'une opinion, qui ne soient la traduction de ce bruit de métal

il faudrait expliquer encore et encore, puisque la honte de tout dire nourrit le sentiment d'exister, comment une machine se charge peu à peu d'un organisme incapable de supporter son poids sans s'effondrer

les engins futurs produiront la vie

mon soignant me brise les genoux en retendant une alèse

le plafond bascule vers l'arrière, une croûte colmate cette gorge tranchée, mais je ne sens rien tant la drogue est forte ; l'héroïne enchante les dimanches

je demande qu'on baisse les stores, pour montrer que je n'en veux à personne ; j'échangerais mon endurance au mal contre un peu de bêtise et d'impunité

je voudrais être le premier homme à marcher sur la mort

le crâne sans orbites espère une fracture

j'écris comme je lâche ma vessie, par jets brefs

I'm suffering less this morning and seem less ugly; my beard hides the gauntness of my cheeks

I look without seeing at the trace left by a plane, a collection of vertebras scattered by the wind

the body has lost its muscles and fat; what remains is this frightening calcareous tower in which every window is lit by pain; they bring me a scrap of bread

a handful of tablets, a bird's carcass

the minutes are lead shots; I can hear shells rolling on metal; a new perfusion freezes my veins; I am here, strapped in, unable to die, bound to stop me killing myself

dog, bitch, I want this spit to penetrate your eyes and make you die

the artificial heart works by means of a clicking that grinds up the everyday; I have no knowledge of any dream, of any opinion, that is not the translation of this metallic noise

I'd have to explain again and again, because the shame of saying everything nourishes the feeling of existing, how little by little a machine takes charge of an organism unable to support its own weight without collapsing

in the future engines will produce life

my care-giver breaks my knees in tightening an under sheet

the ceiling wobbles backward, a crust plugs this slit throat, but the drug is so strong I feel nothing; heroin enchants my Sundays

I ask them to lower the blinds, to show that I bear no ill will to anyone; I would exchange my ability to endure my illness for a little stupidity and impunity

I would like to be the first man to walk on death

the skull devoid of orbits hopes for a fracture

I cry out as I loosen my bladder, in short bursts

le corps vidé gonfle autour de son ombre

cette marche forcée, de douleur en douleur, une colonne de fuyards

la tornade, forme verticale de l'air, entaille le rivage

une mouche vient boire au bord des yeux ; on dirait une âme se lavant du péché

la parole jalouse la ténacité des fonctions corporelles

comme la douleur qui jamais ne bégaie

je suis n'importe qui, perdu dans la misère

je n'ai pas l'impression de vivre, mais j'étouffe d'exister ; chaque quinte de toux illumine un cadran, chaque apnée déclenche une alarme ; personne n'est là, mais cette chambre trop chauffée scintille comme le regard

le pourpier en pot est envahi par les parasites ; je crois, depuis hier, que mon agonie attire la vermine ; voilà qui me permet encore d'espérer, l'entêtement de l'insecte sur la tige qu'il dévore

il me reste l'ambition de terminer ce travail dont je ne sais même pas s'il concerne l'écriture

en fin de compte, deux questions m'importent, l'une très simple, vais-je obtenir justice, l'autre très confuse, puis-je imaginer meilleur tribunal que la littérature et saurai-je plaider ma cause alors que je suis incapable de subvenir à mes besoins

il neige des cris ; ce qui débute langage, sort vapeur

je dois atténuer les effets d'une inquiétude constante ; ma pauvreté ne me soulage pas, il me reste tout à perdre ; j'ai pourtant l'intuition d'une récompense ; cela devra suffire

ta gueule

the emptied body swells around its shadow

this forced march, from pain to pain, a column of deserters

the tornado, air's vertical form, splits the bank

a fly comes and drinks on the corners of the eyes; it's like a soul washing itself of sin

the word envies the tenacity shown by the body's functions

like pain that never stammers

I am anyone at all, lost in suffering

I don't have the impression of being alive, but existence is suffocating me; every burst of coughing lights up a dial, each failure to draw breath sets off an alarm; no one is there, but this over-heated room sparkles like a gaze

the potted portulaca is overwhelmed with parasites; I think that since yesterday my death throes have been attracting vermin; this is what still allows me to hope, the insect's stubborn determination over the stem it devours

I still have the ambition to end this work which I'm no longer even sure concerns writing

when all is said and done, two questions matter to me, one very simple, am I going to get justice, the other very confused, can I imagine a better tribunal than literature and will I be able to plead my cause when I am unable to meet my own needs

cries snow down; what begins as language, leaves as mist

I must reduce the effects of constant worrying; my poverty doesn't relieve me, I still have everything to lose; and yet I have the intuition that I will be recompensed; and that should be enough

shut up

les hommes perdus choisissent la haine qui les préserve de la guerre ; ils ne veulent affronter que la mort ; ils voyagent suivant des pans de matière, une forêt, une falaise, une ville, l'ouragan ; lorsqu'ils vont sur les champs de bataille ou derrière les hospices, ils ne s'attardent jamais, poursuivant leur adversaire sans mesure ; souvent ils se font écraser, mais rien ne les arrête, jusqu'à ce qu'ils crèvent dans le ravin ; ce sont les chiens errants

je n'irai nulle part sur ma main renversée ; je ne demande pas ma route ; écrire est la façon la moins humiliante de souffrir et de faire l'aumône

l'abdomen déchiré par la morphine déploie sa pieuvre de boyaux

rien ne vient ; la secousse d'un sanglot aère cette chambre close depuis des jours ; je me masturbe avec brutalité ; la solitude est alors capable de lumière

je n'aurai jamais le courage de mourir

le sperme tire les dernières larmes ; l'idée de se raconter est aussi vaine que celle de désirer connaître un grand bonheur, puisqu'il faut laisser au texte le moins de soi possible

ha

la poésie est une réponse d'une tristesse infinie ; le sexe avalé durant l'enfance n'en finit pas de noyer les mots

*

la troisième image montre un militaire qui chie sur un mort

*

suppose quelqu'un de désespérément seul, souffrant tellement, depuis de si longues années, qu'il a pris pour nom celui de sa maladie ; essaie d'imaginer son désarroi lorsqu'il sourit

propose-lui ta compagnie

tends-lui ton panier de consolations

tu penses lui ressembler ; comme lui, tu es terrifié par l'idée d'abandon et par celle de te faire asservir

those who are lost choose hatred which saves them from war; they do not wish to confront only death; they travel pursuing bits of matter, a forest, a cliff, a town, the hurricane; when they go onto the fields of battle, or behind the hospices, they never linger, pursuing their adversary without measure; often they bring about their own destruction, but nothing stops them until they cark in the ravine; they are wandering dogs

I will go nowhere on my overturned hand; I don't ask for directions; writing is the least humiliating way of suffering and of giving alms

the abdomen torn apart by morphine unfolds its octopus of guts

nothing comes; the shake of a sob aerates this room which has been closed for days; I masturbate brutally; solitude can then create light

I will never have the courage to die

the sperm draws the last tears; the idea of telling your own story is as vain as that of wanting to experience a great happiness, because you have to leave in the text the least possible trace of yourself

ha

poetry is a reply that is infinitely sad; the sex eaten in childhood endlessly drowns the words

*

the third picture shows a soldier shitting on a corpse

*

imagine someone desperately alone, suffering so much, for such long years, that he has taken on the name of his illness; try to imagine his confusion when he smiles

offer to bear him company

hand him your basket of consultations

you think you're like him; like him you're terrified by the idea of giving up and by that of becoming dependent

mais jamais tu n'imagines qu'il n'y a pas d'amour

une loi veut que la douleur tienne à distance l'imprévu et fasse ainsi obstacle
à la mort ; l'odeur d'un corps, incinéré il y a peu dans sa housse mortuaire,
enveloppe mon lit de brique où tout est raturé ; un trait de scie détache le ciel
de l'océan, les vagues libèrent leur poussière d'os

ma chère mère, que n'avez-vous pas renié votre nom ; vous écoutez en silence
mes reproches ; pourriez-vous admettre que l'état de dépendance qui nous lie
est si fort, qu'il m'oblige à vous frapper lorsque j'attaque ce mal qui nous accable
tous deux ; comment vous faire comprendre que je n'affronte que le langage ;
vous êtes pourtant la personne à me connaître le mieux, à savoir que l'affection
que je vous porte ne pouvait que corrompre ma rage; je suis déjà si faible, mais
je n'ai pu me défaire de l'enfant que vous avez produit ; que je meure maintenant,
ou que vous mouriez avant moi, ne change plus rien, la victoire se refuse ; nous
restons soumis au besoin de nous tenir

le sexe est dehors, éjacule dans une boîte d'allumettes, à peine quelques gouttes ;
je me branle les yeux ouverts ; sur l'étagère une brosse à dents ; maintenant, la
boîte flambe dans l'assiette, avec les restes de nourriture

la poésie ne se justifie pas face à celui qui implore d'être aimé sans répugnance

je prétends que j'aurais préféré ne rien écrire

la douleur est un savoir à l'usage du corps

j'aurais tout donné pour un baiser en terrasse

tout ce que je mange a le goût de la haine

le ventre se couvre de crin, la bête a traversé

il n'y a pas de pièce que je craigne davantage que la salle de bains commune,
un volume carrelé, vaguement éclairé dans les angles et si haut qu'il semble
dépourvu de plafond jusqu'à ce qu'il rabatte vers le sol, l'obscurité alors changée
alors en cloison, les cris de ceux qui s'y trouvent enfermés pour subir la punition
tantôt glacée, tantôt brûlante, de la douche quotidienne

je suis incapable de compassion envers ceux qui partagent mon supplice ; des
lampes s'allument et s'éteignent, des ombres se ramassent puis se détendent,
comme des portes arrachées à leurs gonds

but you never imagine that there is no love

a law dictates that suffering holds the unforeseen at bay and thus impedes death; the smell of a body, incinerated recently in its funeral shroud, envelops my brick bed where everything is scratched out; the slice of a saw detaches sky from sea, the waves set free their dust of bones

my dear mother, why didn't you disown your name; you listen in silence to my reproaches; could you admit that the state of dependence that binds us is so strong that it forces me to strike you when what I'm attacking is this suffering that overwhelms us both; how can I make you understand that all I'm confronting is language; you however are the person who knows me best, who knows that the affection I feel for you could only corrupt my rage; I am already so weak, but I've been unable to free myself from the child that you produced; whether I die now, or you die before me, will change nothing, victory refuses to be ours; we remain subject to the need to hold each other

my sex is out, it ejaculates into a match box, scarcely a drop or two; I masturbate open-eyed; on the chest of drawers lies my tooth brush; now the box flames in the plate, with the leftovers from the meal

poetry cannot justify itself faced with those who beg for love without repugnance

I insist that I would have preferred to write nothing

pain is a form of knowledge for the body to use

I would have given everything for a kiss on the terrace

everything I eat tastes of hatred

hair covers the stomach , the animal has made its way through

there is no room I fear more than the communal bathroom, a tiled space, vaguely lit in the corners and so high that it seems to have no ceiling, until it thrusts down toward the floor, when the darkness is transformed into a wall, the cries of those who are locked in there to undergo the punishment, alternately freezing and burning, of the daily shower

I can feel no compassion towards those who share my torment; lamps go on and off, shadows gather then thin out, like doors torn from their hinges

la machine qui écrit ne connaît pas sa langue, elle mélange les noms aux déjections de ceux qui meurent

tes seins, ton nombril, ton sexe, je les cloue sur le cristal de cette page

de la douleur qui pousse ou du corps qui retient, lequel est plus violent ; les pieds emballés tapent sous leurs linges

je n'accepte pas de payer le prix en chair, une existence entière à pisser du sang

je ne sais pas, je me suis trompé, je ne veux plus me défendre

le mal est peut-être bien le vivant de la blessure ; une effraction crasseuse macule la racine de vieil émail

un oeil s'ouvre, il voudrait faire la somme des tendresses partagées, qui n'affirment rien et survivent

l'angoisse est telle que je vomis et défèque en même temps

je ne crois pas en la supériorité de la parole sur les autres formes de vie

fredonner plutôt qu'écrire ; ce murmure fait du bien, il s'élève, puis retombe comme de la poussière

il est trois heures, je respire doucement des échardes et de l'air ; je ne dis rien ; je lance une pierre ; le silence me rassure, il fait écho à la mort ; la chambre se tient dans la tiédeur

j'ai beau faire, je ne trouve aucun sens à cette légèreté que le vent m'apporte en survolant les marées

suis-je sorti du sommeil, ai-je même entrevu la terre

je pense que quelqu'un me trouvera bientôt, le regard fiché dans le lambris ; je tente de me représenter mon cadavre ; je n'y parviens pas, mais cet échec soulage ma mélancolie

on ne dit pas des fruits qu'ils meurent, ni qu'ils sont détruits ; ils tombent innocents sur temps qui se brise

the machine that writes doesn't know its language, it mixes nouns with the excrement of the dying

your breasts, your navel, your sex, I nail to the crystal of this page

which is the more violent: the grief that pushes or the body that holds it; the wrapped feet pound under their bandages

I don't agree to pay the price in flesh; an entire lifetime spent in pissing blood

I don't know, I was wrong, I no longer want to defend myself

pain may well be what is alive in a wound; a filthy break in stains the root of the old enamel

an eye opens, wanting to sum up shared tenderness, that affirms nothing and survives

the anguish is such that I vomit and defecate at the same time

I don't believe in the superiority of the word over all the other forms of life

hum rather than write; this murmuring brings relief, it rises up, then falls again like dust

it's three o'clock, I softly breathe in splinters and air; I don't say anything; I throw a stone; the silence reassures me, it echoes death; the room remains in its warmth

whatever I do I can't find any sense in this lightness that the wind brings me as it blows across the tides

have I come out of sleep, have I even glimpsed the earth

I think that someone will soon find me, my gaze fixed on the paneling: I try to imagine my own corpse; I fail to do so but this failure eases my melancholy

you don't say of fruit that they die, nor that they're destroyed; they fall innocently on time, which breaks apart

une chasse d'eau est tirée sur le palier ; les ordures circulent, s'enroulent des bords vers le centre ; le plancher rétrécit

quelque chose a encore la force de ramper ; un très jeune enfant traverse la chambre ; sa grosse tête se balance d'avant en arrière, on la dirait sur le point de tomber

la maladie s'en va dans l'écriture

il n'y a pas d'énigme à la source des fleuves ; je regarde, sans comprendre, ni sentir vraiment, le va-et-vient de ma main sur mon sexe ; je dénie au langage le droit d'être aimé

*

l'avant-dernière image du livre de Shelomo Selinger montre un nourrisson déchiré par un rapace humain

*

à nouveau la machine pivote sur son axe, des lames d'acier recouvrent les fenêtres ; le peu de forces qui restent paraissent immenses, tant elles sont inutiles

un poing est enfoncé dans la gorge, un autre force l'anus ; je pivote, bras et jambes écartés

dès que je peux, lorsque les poignets ne sont pas truffés d'aiguilles, j'ouvre le livre d'images

j'essaie alors de reprendre l'histoire de la petite personne recroquevillée à l'intérieur de chacun ; l'exposition des faits tiendrait en quelques lignes

mais la première syllabe heurte comme un écrou, tiré à bout portant par une fronde de chasse

parler diffuse une misérable lumière ; je préfère boire mon sang au chocolat devenu inutile au langage, je répète doucement le prénom de ma mère, Roswitha, Roswitha

ce n'est pas une trêve que j'implore, mais la maîtrise du combat

la douleur, légère barque d'os, me conduit tout à coup ; je perçois à nouveau mon rapport au langage ; le corps, soudain rajeuni, vulnérable au regard, se tient debout dans les fougères

a toilet is flushed on the landing; ordure circulates, swirling around from the edge to the center; the floor grows smaller

something still has the strength to crawl; a very young child crosses the room; its big head wobbles back and forth, it seems on the point of falling

illness goes away in writing

there is no riddle at the source of rivers; I watch without understanding, without really feeling, the back and forth of my hand on my sex; I deny language the right to be loved

*

the penultimate image of the book of Shelomo Selinger shows a nursling torn asunder by a human bird of prey

*

once more the machine turns on its axis, steel blades cover the windows; the little strength that remains appears immense, so useless are they

a fist is thrust into the throat, another forces the anus; I pivot, arms and legs spread

as soon as I can, when the fists aren't stuffed with needles, I open the book of images

then I try to resume the story of the little person curled up within each of them; it would take only a few lines to set out the facts

but the first syllable stumbles over a screw, aimed point blank by a hunting slingshot

talking sheds a puny light; I'd rather drink my blood in the now useless chocolate of language, I quietly repeat my mother's first name, Roswitha, Roswitha

I'm not asking for a truce, just the mastery of combat

pain, a light ship of bones, unexpectedly takes me away; I perceive again my link with language; the body, suddenly rejuvenated, vulnerable to the gaze, stands up in the ferns

la fillette de neuf ans entend ma voix, elle est assise à l'envers du feuillage détrempé de la forêt ; elle ne bouge pas lorsqu'un soldat la frôle, s'immobilise pour fumer, écoute, puis repart en direction de la lisière ; une seconde il pourrait l'apercevoir, terrifiée sous le vent et les plantes, à l'aplomb d'un oiseau

mais un éclat l'aveugle, puis il s'en va

de peur que ma mère refuse de m'aimer, j'ai menti bien plus tôt que les autres enfants ; chaque soir, rassuré par la pénombre, je lui demandais de fermer les yeux avant de m'embrasser ; j'habillais alors mon corps difforme de paroles, invoquant pour veiller sur elle, le génie d'un rêve merveilleux

je suis bien ; j'écoute l'histoire de la Tour de Babel

je pense aux phrases écrites la semaine dernière et je m'en sens très loin, désormais incapable de colère, ébloui par la lueur d'une bougie, porté par une pitié silencieuse pour tout ce qui existe

mais il faut bien renoncer à décrire cette splendeur ; et réserver la parole aux tâches domestiques

dire je suis écoeuré par mes gémissements et m'en tenir à ça

tu te crois dépositaire d'un très ancien pouvoir, cette faculté commune aux rivières et aux arbres de creuser la roche

mais dépourvu de racines, privé de tourbillons, tu signes d'une croix au bas de la nature ; crois-tu vraiment que parler prolonge l'effort de naître

tu avances comme les morts, vite et sans faire de rencontre ; l'avenir t'oublie, il gît à quelques mètres, une page blanche sur des matières fécales

l'ouragan a lavé les cheminées, la douleur taille le corps au moyen du langage; j'ai perdu, mais cette défaite ne se voit nulle part

il suffira que l'humidité infiltre le papier et trace, mieux que je ne saurai jamais le faire, le cercle tremblé du chemin parcouru

je cesse d'écrire ; le rossignol est obscène alentour des charniers ; la phase suivante aura lieu sans témoins, ni victime, ni bourreau

the little nine-year-ld girl hears my voice, she is sitting on the wrong side of the softened foliage of the forest; she doesn't move when a soldier brushes by her, stops to smoke, listens, then sets off again heading toward the wood's edge; at any minute he could see her, terrified under the wind and the plants, directly below a bird

but a gleam of light blinds him, then he goes away

afraid that my mother will refuse to love me, I've lied much more readily than other children; each evening, reassured by the semi-darkness, I asked her to close her eyes before kissing me; I would then dress my misshapen body with words, calling on the genie of a marvelous dream to watch over her

I'm well; I'm listening to the story of the Tower of Babel

I think of sentences written last week and feel myself far removed from them, henceforth incapable of anger, dazzled by the light of a candle, carried by a silent pity for everything that exists

but I really have to give up any hope of describing this splendor; and keep language for domestic tasks

say that I am sickened by my groans and leave it there

you think you are the repository of a very ancient power, this faculty shared by tributaries and trees to dig into rock

but having no roots, deprived of whirlpools, you sign with a cross at nature's foot; do you really believe that talking prolongs the effort of being born

You advance like the dead, quickly and without meeting anyone; the future forgets you, lying a few yards away, a white page on fecal matter

the hurricane has washed the chimneys, pain shapes the body by means of language; I have lost, but this defeat can't be seen anywhere

all that's needed is for the dampness to infiltrate the paper and draw, better than I could ever do, the shaky circle of the route taken

I stop writing; a nightingale around burial grounds is obscene; the next phase will take place without witnesses, and there will be neither victim nor torturer

je caresse mon sexe avant de glisser le couteau sous la clavicule ; puis tenir, jusqu'à blesser la douleur

la fièvre allume une mèche d'éther et la drogue, plus puissante, délie les murs de leurs secrets ; les fonctions vitales s'effondrent ; j'écoute la machine devenue le cœur, les poumons, le foie, les reins, me soutenir avec tendresse

peu avant qu'un sparadrap soit collé sur mes yeux, j'essaie de dicter encore, au moyen des paupières ; mais les spasmes déclenchent un fracas de consonnes ; ceci peut-être, la douceur

j'écarte en frissonnant le feuillage des plus belles années

durant les heures qui succèdent au décès, la figure s'anime et une fadeur se répand, semblable à celle qui flotte l'été autour des marécages ; bulles fermentées sorties des profondeurs, les visages successifs du défunt remontent à la surface pour rendre au masque mortuaire l'expression du vivant ; l'un de ces êtres frêles, étoile du matin, est le cadavre en paix sous sa dernière mâchoire de chien

à défaut d'amour, se résigner au poème

Kalamanga !

Homestead, septembre

94

I caress my sex before slipping the knife under the collarbone; then hang in there until I can wound pain

fever lights a wick of ether and the drug, more powerful, sets the walls free of their secrets; the vital functions collapse; I listen to the machine that has become my heart, my lungs, my liver, my kidneys, support me tenderly

a little before a bandage is plastered over my eyes, I try to dictate again, by means of my lids; but the spasms set off a hubbub of consonants; this perhaps is sweetness

trembling, I part the foliage of the loveliest years

during the hours that follow the death, the face comes to life and a pallor spreads, like that which floats in summer around marshes; fermented bubbles burst from the depths, the successive faces of the dead man come up to the surface to give the death mask the expression of the live man; one of these fragile beings, morning star, is the corpse at peace under the last jaw of a dog

if I can't have love, I'll resign myself to the poem

Kalamanga!

Homestead, September

Philippe Rahmy (1965) is a Franco-Egyptian writer based in Switzerland. He studied the History of Arts and Egyptology at the École du Louvre in Paris, and graduated from the University of Lausanne in Literature and Philosophy. He is a founding member of the prominent French literary site remue.net, with is focused on promoting contemporary literature over the Internet and through live events. He is a published author in France, Italy, Switzerland, Germany and China as well as an accomplished photographer and director of independent short films. An active member of several handicap related associations, Rahmy is also writing songs for the rock band 'Gasoline'.

His published books include: *Mouvement par la fin, Un portrait de la douleur,* postface Jacques Dupin, Prix des Charmettes - Jean-Jacques Rousseau 2006, Cheyne Editeur (2005), *Demeure le corps, chant d'exécration,* Cheyne Editeur (2007), *SMS de la cloison,* publie.net (2008), *Architecture nuit, texte expérimental,* publie.net (2008), *Movimento dalla fine, a cura di Monica Pavani,* Mobydick (2009), *Cellules souches,* avec Stéphane Dussel, Mots tessons (2009), *Cheyne, 30 ans, 30 voix,* Livres hors collection, Cheyne (2010), *Néant saccage,* avec Mathieu Brosseau, Hors-Sol (2011). His forthcoming books include: *Shanghai pour horizon, journal du coin des rues,* peintures Bobi+Bobi, préface Jean-Christophe Rufin, publie.net/HachetteLivre (2012), *Corps au miroir,* peintures Sabine Oppliger, *Encre et lumière* (2012), *La ville en soi,* publie.net/HachetteLivre (2013).

He was awarded the Prix Charmettes-Jean-Jacques Rousseau in 2006, the prize Lettre frontière 2008 and a Pro Helvetia literary grant in 2010. In 2011 he was a writer-in-residence at the Shanghai Writers Association in Shanghai. He was awarded the Prix Wepler 2013 Mention spéciale du jury and the Prix Pittard de l'Andelyn 2014. Currently he's writing a novel about the topic of migration and migrants, and a new book of poetry in prose about identity and amnesia.

Rosemary Lloyd, who is Rudy professor emerita of French, Indiana University, USA, Fellow emerita, Murray Edwards College (formerly New Hall), Cambridge, UK, and Adjunct Professor, University of Adelaide, Australia, has translated verse and prose poetry, letters, and prose from nineteenth-century and twentieth-century French into English. She was born and raised in South Australia. After completing her B. A. and M.A. at the University of Adelaide, she went to the University of Cambridge, England, to prepare her PhD under the direction of the great Baudelaire scholar Alison Fairlie. On completion of her doctoral thesis in 1978 she was elected a fellow of New Hall (now Murray-Edwards College) Cambridge and the following year was appointed to the Modern and Medieval Languages faculty at Cambridge University. She taught there for 12 years before moving to Indiana University, USA. While in the US she was awarded fellowships from the National Endowment for the Humanities and the Guggenheim Foundation. She retired in 2007 and returned to South Australia.

She is a Fellow of the Australian Academy of the Humanities. She has published several book-length translations , including *Points D'O.* by Mylène Catel (Augessac; Editions Clapàs, 2002), *L'Usure-Passion / Threadbare Passion* by Mylène Catel. (Aguessac; Editions Clapàs, 2001), *Au trop pur des passions,* poems, by Mylène Catel (Aguessac; Collection bilingue Partage, Ed. As. Clapàs. 1999), *The Master Pipers,* by George Sand (Oxford: Oxford University Press, 1994), *Baudelaire: La Fanfarlo and Short Prose Poems* (Oxford: Oxford University Press, 1991), *Selected Letters of Stéphane Mallarmé* (Chicago: Chicago University Press, 1988), *Selected Letters of Charles Baudelaire* (Chicago: Chicago University Press, and London: Weidenfeld and Nicolson, 1986).

Her translations have also appeared in *The Yale Anthology of Twentieth-Century French Poetry* (New Haven: Yale University Press, 2004), *Mallarmé in Prose* (New York: New Directions, 2001), *Atala,* vol 2, 1999, *Black Herald* (2010, 2011 and 2013). Her monograph *Baudelaire's World* (Ithaca, N.Y.: Cornell University Press, 2002) includes many of her translations of Baudelaire's work.

THE BITTER OLEANDER PRESS
LIBRARY OF POETRY

ORIGINAL POETRY SERIES

The Moon Rises in the Rattlesnake's Mouth by Silvia Scheibli

On Carbon-Dating Hunger by Anthony Seidman

Where Thirsts Intersect by Anthony Seidman

Festival of Stone by Steve Barfield

Infinite Days by Alan Britt

Vermilion by Alan Britt

Teaching Bones to Fly by Christine Boyka Kluge

Stirring the Mirror by Christine Boyka Kluge

Travel Over Water by Ye Chun

Gold Carp Jack Fruit Mirrors by George Kalamaras

Van Gogh in Poems by Carol Dine

Giving Way by Shawn Fawson *

If Night is Falling by John Taylor

The First Decade: (1968-1978) by Duane Locke

Empire in the Shade of a Grass Blade by Rob Cook

Painting the Egret's Echo by Patty Dickson Pieczka **

Parabola Dreams by Alan Britt & Silvia Scheibli

Child Sings in the Womb by Patrick Lawler

The Cave by Tom Holmes***

TRANSLATION SERIES

Torn Apart/Déchirures by Joyce Mansour
                    —translated from the French by Serge Gavronsky

Children of the Quadrilateral by Benjamin Péret
                    —translated from the French by Jane Barnard and Albert Frank Moritz

Edible Amazonia by Nicomedes Suárez-Araúz
                    —translated from the Spanish by Steven Ford Brown

A Cage of Transparent Words by Alberto Blanco
                    —translated from the Spanish by Judith Infante, Joan Lindgren,
                    Elise Miller, Edgardo Moctezuma, Gustavo V. Segade,
                    Anthony Seidman, John Oliver Simon & Kathleen Snodgrass

Afterglow/Tras el rayo by Alberto Blanco
                    —translated from the Spanish by Jennifer Rathbun

Of Flies and Monkeys/De singes et de mouches by Jacques Dupin
                    —translated from the French by John Taylor

1001 Winters/1001 Tolves by Kristiina Ehin
                    —translated from the Estonian by Ilmar Lehtpere

Tobacco Dogs/Perros de tabaco by Ana Minga
                    —translated from the Spanish by Alexis Levitin

Sheds/Hangars by José-Flore Tappy
                    —translated from the French by John Taylor

Puppets in the Wind by Karl Krolow
                    —translated from the German by Stuart Friebert

Movement Through the End/Mouvement par la fin by Philippe Rahmy
                    —translated from the French by Rosemary Lloyd

*   Utah Book Award Winner (2012)
** The Bitter Oleander Press Library of Poetry Book Award Winner for 2012
*** The Bitter Oleander Press Library of Poetry Book Award Winner for 2013